Andrew Lloyd Webber

앤드루,
이 무대의
주인공은 너야

내가 **꿈**꾸는 **사람** _ 공연예술가

Andrew Llovd Webber

초판 1쇄	2017년 9월 27일
초판 2쇄	2019년 12월 9일

지은이   정예림

책임 편집   임나윤
마케팅   강백산, 강지연
표지디자인   권석연
본문디자인   이정화
사진제공   연합포토, 위키피디아, 서터스톡

펴낸이   이재일
펴낸곳   토토북
주소   04034 서울시 마포구 양화로11길 18 3층 (서교동, 원오빌딩)
전화   02-332-6255
팩스   02-332-6286
홈페이지   www.totobook.com
전자우편   totobooks@hanmail.net
출판등록   2002년 5월 30일 제10-2394호
ISBN   978-89-6496-348-7 44990
ⓒ 정예림 2017

내가 **꿈**꾸는 **사**람 _ 공연예술가

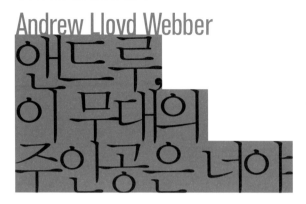

Andrew Lloyd Webber

앤드루,
이 무대의
주인공은 너야

정예림 지음

팀

고민하고 도전하라!
우리 앞을 스쳐 간 수많은
뮤지컬 주인공들처럼

앤드루 로이드 웨버의 뮤지컬 〈요셉과 놀라운 색동옷〉에서 요셉은 그를 질투하는 형들 때문에 노예가 되고, 그 후로도 계속되는 시련에 부딪히지만 모두 이겨내고 이집트의 총리가 됐어요. 뮤지컬 〈에비타〉의 주인공 에바 페론 역시 빈민가에서 태어났지만, 용기와 신념을 가지고 대중을 설득함으로써 아르헨티나의 퍼스트레이디가 됩니다. 뮤지컬 〈캣츠〉에서 허영에 가득 찬 고양이였던 그리자벨라는 갖은 풍파를 겪으며 세상을 따뜻하게 아우를 줄 아는 할머니 고양이가 되었는데요. 옛 추억을 그리며 그리자벨라가 부른 〈메모리Memory〉는 많은 이의 공감을 얻었어요.

이렇게 앤드루 로이드 웨버가 창조한 주인공들은 하나같이 무언가 부족하고, 그래서 더 삶의 고민과 방황을 거듭하는 인물들이에요. 그리고 그들은 숱한 좌절과 고민 끝에 결국 자신만의 길을 찾아 걸어나가지요. 뮤지컬이 낳은 가장 위대한 작곡가이자 창작자 앤드루 로이드 웨버의 삶도 그들과 닮은 점이 많아 보여요. 풍요로운 가정에서 클래식 음악을 들으며 자란 소년은 영국의 유수한 왕립음악대학에 입학했지만, 결국 그를 사로잡은 건 당시까지만 해도 저급 문화로 취급받던 뮤지컬이었어요.

세상 사람들이 좋아하는 쉬운 길보다는 오히려 힘든 길을 택한 그였기에 끊임없이 좌절했고 때로는 세간의 비난을 받기도 했어요. 하지만 결국 자신의 길을 찾았고, 21세기가 낳은 위대한 뮤지컬 창작자가 될 수 있었지요. 더 중요한 사실은 일흔을 넘긴 지금까지도 앤드루 로이드 웨버는 계속해서 새로운 일에 도전하고 있다는 겁니다.

2010년도 한 설문 기관에서 초등학생들이 꿈꾸는 직업에 관해

조사한 적이 있습니다. 공무원이 1위, 의사가 2위를 차지했더군요. 물론 두 직업 다 훌륭한 일임은 분명합니다만, 그 직업이 어떤 구체적인 도전이나 희망 없이 그저 부모님이 원해서 갖게 된 꿈이거나 안정된 삶을 위해 택한 것이라면 전 그 꿈에 반대하고 싶습니다. 인생은 치열하게 고민하고 도전한 끝에 얻어 가는 자신만의 길이기 때문이죠.

자신의 꿈에 대해 좀 더 구체적으로 고민해 보세요. 그리고 남들이 가지 않은 길은 좋지 않거나 나쁜 길이 아니라 조금 두려운 길 정도로 생각해 보면 어떨까요? 우리가 부러워하는 성공한 사람 중 대다수는 남들이 가지 않은 길을, 조금은 두렵지만 조심스럽게, 꾸준한 걸음으로 걸어온 사람들이라는 것을 기억해 주세요. 50여 년 전 촉망받는 클래식 음악가였던 청년 앤드루가 주변의 우려 속에 뮤지컬을 택한 것처럼 말입니다. 언제 어디서든 두려움을 떨치고 자신의 길을 걸어나갈 여러분을 응원합니다.

정예림

3

원하는 쇼에 최선을 다해 봐!

4

천재 음악가, 감동을 알다

5

앤드루 로이드 웨버 같은 공연예술가를 꿈꾼다면

1

Andrew Lloyd Webber

음악에도
급이 있다고?

음악가 집안에서 태어난
꼬마 음악가

열 살 무렵 학교 음악회에서 피아노 연주를 하기로 돼 있었어요.
그런데 갑자기 생각이 바뀌어서 다른 걸 연주하겠다고 했어요.
단순한 연주가 아닌 제가 쓴 곡을 연주하고 싶어졌거든요.

앤드루 로이드 웨버

앤드루는 작곡가 아버지와 피아노 교사인 어머니 사이에서 태어났어요.
음악가 가정에서 태어난 앤드루에게 '음악'이란 어쩌면 숙명 같은 존재였
는지도 몰라요. 앤드루는 자연스럽게 클래식 음악을 접하고 일곱 살 때부
터 클래식 음악 작곡을 시작했어요. 하지만 정작 그의 관심을 끈 건 뮤지
컬 〈마이 페어 레이디〉와 〈지지〉에서 흘러나오는 흥겨운 뮤지컬 음악이었
답니다.

제2의 모차르트 탄생?

우리가 흔히 보는 위인전 주인공들의 삶을 보면 가난한 집안에서 자랐거나 일찍 부모님을 여의는 등 시련을 안고 사는 경우가 많죠. 그런데 이 책의 주인공인 앤드루는 조금 달랐어요.

1948년 3월 22일, 영국의 켄싱턴에서 태어난 앤드루는 음악적 재능을 키울 수 있는 풍족한 가정에서 자랐어요. 아버지 윌리엄 로이드 웨버는 작곡가이자 왕립음악대학의 교수였고, 어머니 장 헤르미온느는 피아노 교사였죠. 윌리엄과 장은 어린 아들들에게 특별히 음악 교육을 강요하지는 않았어요. 아이들에게 억지로 악기를 쥐어 주는 것보다 중요한 것은 자연스럽게 음악을 알아 가는 것이라 생각했거든요. 특히 앤드루의 가족은 집 안에서 연주를 하거나 함께 클래식 음악을 듣는 일이 많았어요. 이런 분위기에서 자란 어린 앤드루와 동생 줄리언은 자연스럽게 음악을 좋아하게 되었죠.

앤드루가 네 살이 되던 어느 날이었어요.

"윌리엄! 앤드루 좀 보세요!"

장이 놀란 목소리로 외치자 일에 몰두하고 있던 윌리엄이 어린 아들을 봤어요. 놀랍게도 앤드루는 주법에 맞게 바이올린을 켜고 있었어요.

"앤드루! 어떻게 바이올린 켜는 법을 배운 거니?"

네 살배기 아들이 보여 준 재능에 놀란 윌리엄이 상기된 목소리로 물었어요.

"아빠가 연주하는 소리가 좋아서 따라 해 봤어요."

앤드루에게 따로 바이올린을 가르친 적이 없었기에 윌리엄과 장 부부는 놀라지 않을 수 없었어요. 아들의 재능에 감탄한 부부는 그때부터 악기를 가르치기 시작했는데요. 부모님의 교육 덕분이었을까요? 앤드루는 이른 나이부터 바이올린을 비롯해 프렌치 호른과 피아노 등 클래식 악기를 쉽게 배웠어요.

앤드루가 타고난 천재였느냐고요? 어린 시절 밝혀진 그의 재능을 보면 천재성이 있었던 건 분명한 것 같아요. 일곱 살 때 처음 작곡을 시작했고, 열 살 무렵에는 잡지에 본인의 작품을 실었던 걸 보면 말이죠.

어린 앤드루가 빼어난 재능을 보이자 윌리엄과 장은 혹시 큰아들이 제2의 모차르트가 되지는 않을까 내심 기대했어요. 물론 앤드루에게 부담을 주는 일은 절대 하지 않았지만요. 윌리엄과 장이 기대한 결과는 어땠을까요? 여러분이 아시는 대로 절반은 맞고 절반은 틀렸습니다. 앤드루는 제2의 모차르트가 되기보단 최고의 뮤지컬 작곡가가 되었으니까요. 결론은 그렇게 났지만 어린 시절 앤드루의 관심을 끌었던 건 음악만이 아니었답니다.

이야기에
푹 빠진 소년

이유는 알 수 없었지만 난 아주 어렸을 때부터

중세 건축물이 좋았어요.

앤드루 로이드 웨버

천재 음악가라고 하면 음악밖에 모를 것 같지만 소년 앤드루는 '이야기', 특히 역사 속 인물들의 이야기를 좋아했어요. 앤드루는 켄싱턴 곳곳의 유적지를 다니며 상상의 나래를 펼치곤 했죠. 어릴 적 잠자리에서 엄마가 읽어 주던 시와 소설 또한 앤드루에게 큰 영감을 주었어요.

음악 선율에 이야기를 입힌다면?

레슨을 준비 중이던 어머니 장은 앤드루가 사라진 걸 발견했어요.

"줄리언! 앤드루는 어디 갔니?"

첼로 연습에 한창이던 앤드루의 동생 줄리언이 고개를 저었어요. 사춘기에 접어든 형은 부쩍 집 밖을 나설 때가 많아졌어요. 악기 연주하는 걸 가장 좋아하던 형이었는데 요즘엔 다른 무언가에 더 관심이 있는 것 같아 보였어요. 보통 앤드루가 가는 곳은 집 근처에 있는 이름 모를 유적지였는데요. 그저 멍하니 있다 돌아올 뿐이었지만 그곳에 있다 보면 재미있는 상상들을 맘껏 펼칠 수 있었어요.

어느 날 앤드루는 문득 이런 생각이 들었어요.

'그저 듣기만 하는 음악이 아니라 음악 선율에 이야기를 입힌다면 얼마나 재밌을까? 이왕이면 옛 선인들의 이야기가 그대로 담긴 역사 이야기로 말이야!'

앤드루가 태어나고 자란 영국의 켄싱턴 지역은 영국 왕실의 상징인 켄싱턴궁전을 비롯해 다양한 역사 유적이 남아 있는 곳이에요. 옛 선인들이 남긴 숨은 이야기에 관심이 많았던 그는 박물관이나 유적지를 찾아 긴 시간을 보내곤 했지요. 그런데 앤드루가 흥미를 느꼈던 건 역사책에 흔히 나오는 영웅 이야기가 아니었어요. 주목받은 적은 없지만 주어진 삶을 열심히 살았던 민중의 이야기에 관심이 많았죠. 앤드루는 역사책에선 말해 주지 않는 그러한 이야기들에 주목했고 그것들을 즐겨 상상하곤 했어요. 역사와 인간에 대한 끊임없는 관심은 앤드루가 빼어난 스토리를 가진 뮤지컬 작곡가로 성장하는 데 큰 도움이 되었어요.

역사 외에도 또 한 가지 앤드루의 관심을 끄는 게 있었는데 바로 어머니가 읽어 주던 책이었어요. 특히 어머니 장은 아이들이 잠들 시간이 되면 윌리엄 워즈워스와 T. S. 엘리엇의 시와 산문을 어린 앤드루와 줄리언에게 읽어 주었어요.

"자, 이제 눈을 감고 엄마가 읽어 주는 이야기를 한번 들어 보렴. 그리고 마음속으로 상상하는 거야. 오늘 읽어 줄 이야기는 T. S. 엘리엇의 〈지혜로운 고양이가 되기 위한 지침서〉란다. (……) 고양이는 총 아홉 번의 새 생명을 얻는다고 해."

어머니가 읽어 주는 시와 우화를 들으며 두 형제는 꿈나라로 날아가곤 했어요. 그리고 앤드루가 어른이 된 후, 어머니가 읽어 주던 시는 그에게 가장 위대한 선물을 안겨 줬습니다. 바로 뮤지컬사에 기록으로 남을 작품, 〈캣츠〉의 탄생이었죠.

1972년, 한 공항에서 읽을거리를 찾던 앤드루의 눈에 T. S. 엘리엇의 시 〈지혜로운 고양이가 되기 위한 지침서〉가 들어왔거든요. 어릴 때부터 유난히 고양이를 좋아했던 앤드루는 공항에서 이

시가 어린 시절 어머니가 잠자리에서 읽어 주던 시 중 하나였다는 걸 깨달았어요. 어머니와의 기억을 떠올리며 시를 읽어 가던 앤 드루는 이 작품을 한 편의 뮤지컬로 만들면 좋겠다는 생각을 품게 됩니다. 그것이 바로 전 세계인의 사랑을 받은 뮤지컬 〈캣츠〉의 첫 시작이었어요.

어떤 음악이든
편견 없이 들어 봐

내게 음악은 단지 음악일 뿐이고,
굳이 분류를 한다면 좋은 음악과 나쁜 음악만이 존재할 뿐이다.

앤드루 로이드 웨버

앤드루의 아버지는 클래식 작곡가이자 왕립음대 교수였지만 클래식 음악만을 최고로 여기지는 않았어요. 어떤 음악이든 편견 없이 들어 봐야 그 진가를 알 수 있다고 생각했죠. 앤드루에게 록 음악 레코드를 선물하는 등 아버지의 열린 사고방식은 앤드루에게 영향을 미쳤고, 훗날 앤드루는 칸타타, 록, 오페라 등 다양한 분야의 음악을 시도할 수 있었답니다.

뜻밖의 선물

앤드루가 청소년 시기를 보내던 1950~1960년대는 로큰롤 음악이 시작을 알리고 영국의 로큰롤 밴드 비틀스가 전 세계를 강타하던 시절이었어요. 미국에선 엘비스 프레슬리가 달콤한 목소리로 〈아이 캔트 폴링 인 러브 유 I Can't Falling in Love You〉를 부르며 소녀 팬들을 열광시켰고 깔끔한 정장 차림을 한 비틀스 멤버들이 경쾌한 로큰롤을 연주했어요. 로큰롤이 큰 인기를 얻는 동안 클래식은 대중과는 점점 더 멀어지고 있었어요.

사실 예술가가 가장 보람을 느낄 때는 많은 사람이 자신이 힘들게 창조한 예술 작품의 가치를 알아주는 것이죠. 그 당시 클래식 작곡가 입장에서 보면 로큰롤은 그저 시끄럽고 저급한 음악이었을지도 몰라요. 실제로 많은 클래식 음악 전공자들이 그런 생각을 갖고 있기도 했고요. 하지만 앤드루의 아버지 윌리엄의 생각은 달랐어요. 어떤 음악이든 편견 없이 들어 봐야 그 진가를 알 수 있다고 생각했죠. 그 당시 윌리엄이 들은 음악은 클래식은 물론 로큰롤, 재즈에 이르기까지 광범위했어요. 아버지의 열린 생각은 그대로 아들 앤드루에게 이어졌습니다.

"앤드루! 내가 오늘 너한테 아주 특별한 선물을 주려고 해."

동생과 함께 악기 연습에 한창이던 앤드루를 아버지가 조용히

불렀어요.

"정말요? 어떤 선물인데요? 이거 레코드판 같은데……. 클래식 음반이에요?"

"글쎄……. 한번 열어 보렴."

그저 평소에 듣던 클래식 연주 음반일 거로 생각했던 앤드루는 생각지도 못한 선물에 깜짝 놀랐어요. 아버지가 앤드루의 손에 쥐여 준 것은 로큰롤 음반이었기 때문이에요. 척 베리의 〈조니 비 구드Johnny B. Goode〉와 제리 리 루이스의 〈그레이트 볼스 오브 파이어 Great Balls of Fire〉 등 지금 들어도 주옥같은 음악이 들어 있는 레코드판이었어요. 의아해하는 아들을 보고 윌리엄은 그럴 줄 알았다는 듯 미소를 지었어요. 클래식을 배우는 아들에게 로큰롤 레코드판 선물이라니, 그 당시에는 상상하기 힘든 일이었거든요.

"이거 제가 들어도 되는 거예요? 친구들 부모님은 절대로 이런 음악 들으면 안 된다고 혼내신대요. 저급하고 시끄러운 음악이라고요. 그래서 저도 들으면 안 되는 줄 알았어요."

아들의 반응을 본 윌리엄은 빙그레 웃었어요. 같은 길을 걸어가는 선배로서도 아버지로서도 아들의 혼란스러움과 고민을 이해할 수 있었거든요.

"앤드루, 넌 음악이 좋니?"

음악 외에는 다른 생각을 해 본 적이 없는 앤드루는 큰 소리로

답했어요.

"당연하죠! 지금까지 음악이 싫었던 적은 한 번도 없어요. 연주하다 보면 시간 가는 줄도 모르겠고 작곡도 신나는걸요."

윌리엄은 누구보다 확신에 찬 아들의 대답이 기뻤어요.

"앤드루, 네가 음악이 좋다니 아빠도 기쁘구나. 그런데 네가 잊어선 안 되는 게 있어. 음악에 급을 나누는 건 옳지 않은 일이란다. 로큰롤은 로큰롤대로, 클래식은 클래식대로 그만의 가치가 있어. 앞으로 네가 평생 음악을 한다면 그 사실을 잊어서는 안 돼. 알겠니?"

'음악에는 급을 나눌 수 없으며 어떤 음악이든 그 가치는 소중하다'는 아버지의 말은 앤드루의 음악 인생을 좌우하는 결정적인 조언이 되었어요. 후일 앤드루는 이날의 기억을 떠올리며 〈뉴욕 타임스〉와의 인터뷰에서 이렇게 말했어요.

"제게 음악은 단지 음악일 뿐이고, 굳이 분류한다면 좋은 음악과 나쁜 음악만이 존재한다고 생각합니다."

일부 음악 평론가들은 너무 대중과 영합한다면서 앤드루 로이드 웨버의 작품을 비판하기도 하는데요. 하지만 어떤 음악이라도 작품에 어울린다면 수용할 수 있다는 앤드루만의 절충주의는 그가 뮤지컬의 황제로 자리매김할 수 있었던 원동력이 되었습니다.

음악과 이야기의 하모니, '뮤지컬'

아버지의 특별한 선물에 이어 앤드루의 음악 인생을 결정지을 사건이 또 일어났어요. 바로 숙모인 바이올렛 존스턴Violet Johnston의 방문이었죠. 단아한 이미지의 어머니와는 달리 숙모는 연극배우 출신으로 활동적이고 쾌활한 분이었어요.

"앤드루! 안 본 사이에 많이 컸구나! 못 알아보겠어."

바이올렛은 어느새 훌쩍 커 버린 앤드루를 보게 되어 반가웠어요.

"안녕하세요, 숙모. 오랜만예요."

수줍게 인사를 건네는 앤드루에게 숙모는 한 가지 제안을 했어요.

"앤드루, 나랑 같이 재미있는 거 보러 가지 않을래?"

숙모와 함께 재미있는 거라니, 구미가 당기지 않은 앤드루는 예의 바르게 거절하려고 했어요.

"음, 연주회는 며칠 전에 다녀왔어요. 학교 공부도 해야 하고요."

"물론 연주회도 좋지만, 오늘 내가 보여 주려는 건 너 같은 아이들이 열광하는 거야. 익숙하진 않겠지만 재밌을 것 같은데. 같이 가지 않을래?"

어린 줄리언과 앤드루를 데리고 바이올렛이 찾은 곳은 바로 〈마이 페어 레이디〉가 상영되고 있는 극장이었어요. 바이올렛이 준비한 것은 음악이 조화롭게 섞인 뮤지컬 표였어요. 역사 이야기와 음악에 몰두하는 앤드루를 위한 선물이었죠. 결혼 이후 그녀는 더이상 연극 무대에 설 수는 없었지만, 뮤지컬 관람은 그녀에게 옛추억을 되새기고 못다 이룬 꿈을 보상받는 시간이 되었어요. 물론 무대를 향한 그녀의 꿈은 대성한 조카가 제대로 이뤄 주게 됩니다.

뮤지컬에 매료되다

〈마이 페어 레이디〉는 영국의 문호 조지 버나드 쇼의《피그말리온》을 유쾌한 뮤지컬로 각색한 작품인데요. 초연 다음 해에 토니상 6관왕을 차지할 정도로 엄청난 인기를 누렸어요. 영화 〈사운드 오브 뮤직〉의 여주인공 줄리 앤드루스가 꽃 파는 촌뜨기 처녀 역을 맡아 능숙한 사투리와 노래 실력을 맘껏 뽐냈는데요. 시끌벅적한 함성과 생생한 이야기, 그리고 신나는 음악이 어우러진 뮤지컬은 앤드루에게는 그간 경험해 보지 못한 신세계였어요. 어쩜 〈마이 페어 레이디〉의 커튼콜이 올라가던 순간 앤드루 로이드 웨버의 인생은 새롭게 바뀌었는지도 몰라요.

클래식 음악밖에 모를 줄 알았던 앤드루가 뮤지컬 음악에 관심을 보이자 바이올렛은 〈지지〉, 〈남태평양〉등 당시 큰 인기를 끌던 뮤지컬 공연에 앤드루를 데려가기 시작했어요. 앤드루는 뮤지컬의 매력에 점점 빠져들었는데, 그럴수록 의문이 생겼어요.

'클래식은 상류층의 음악, 뮤지컬이나 팝은 서민들의 음악으로 여겨지고 있는데, 과연 내가 뮤지컬 음악을 만들 수 있을까?'

앤드루는 클래식 작곡가가 되고 싶었던 꿈이 뮤지컬 때문에 흔들리게 되자 혼란스러웠어요. 하지만 마음속 혼란이 거듭될수록 명확해지는 게 하나 있었죠. 제대로 만든 뮤지컬은 그가 어릴 때부터 열광한 음악과 이야기가 모여 탄생한 종합 예술이라는 사실

여기서 잠깐

〈지지〉

1958년에 개봉한 동명의 영화를 바탕으로 만들어졌는데요. 사랑보다는 물질적인 가치가 더 중요했던 1900년대 파리 사교계에서 진정한 사랑을 찾고 싶어 하는 지지와 지지의 오랜 친구인 가스통의 우정과 사랑을 담은 뮤지컬입니다.

〈남태평양〉

〈왕과 나〉, 〈사운드 오브 뮤직〉 등 다수의 히트작을 만들어 낸 명콤비 리처드 로저스와 오스카 해머스타인 2세가 제작한 작품으로 제2차 세계대전 당시 남태평양의 외진 섬에 주둔한 미 해군과 섬 주민 간의 관계를 배경으로 네 남녀의 사랑과 갈등을 담았는데요. 1949년 브로드웨이에서 처음 상연한 〈남태평양〉은 1950년 퓰리처상 드라마 부문과 10개의 토니상을 받았습니다.

음악에도 급이 있다고?

이었어요. 켄싱턴 곳곳을 돌아다니며 역사 속 인물을 상상하던 앤드루의 취미는 유려한 클래식 선율과 만나 위대한 뮤지컬 작품을 탄생시킨 원동력이 되었어요.

뮤지컬은 언제부터 시작되었을까?

뮤지컬은 음악과 문학, 연극, 미술, 무용을 합친 종합 예술 오페라에서 유래했는데요. 뮤지컬의 본고장 영국과 미국 그리고 한국 뮤지컬의 시작을 알아볼까요?

1. 영국의 뮤지컬

18세기경 유럽에서 유행한 '오페레타operetta(대사와 춤, 오케스트라가 있는 작은 오페라)' 그리고 시와 이야기 외에 노래가 가미된 '발라드 오페라ballard opera'를 거쳐 뮤지컬은 시작됐어요. 세계 최초로 상연된 뮤지컬은 1728년 런던에서 공연된 〈거지 오페라〉로 장물 매매업자 피참의 딸 폴리와 나쁜 남자 맥히스와의 사랑 이야기를 다뤘습니다. 하층 계급의 주인공이 상류층의 위선을 과감하게 풍자한 〈거지 오페라〉는 초연 당시 62회나 상연될 만큼 큰 성공을 거뒀어요.

뮤지컬 형식이 발전하게 된 데는 길버트Sir William Schwenck Gilbert와 설리번 Sir Arthur Seymour Sullivan의 공이 컸는데요. 19세기 말 정치·경제적으로 막강한 국가였던 영국에서 무역을 하려는 부호들이 몰려들었어요. 이들을 위한 오락물이 바로 1892년 영국 황태자 극장에 올린 뮤지컬 파스Musical Farce

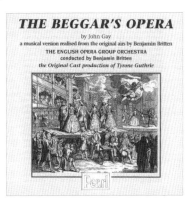

류의 〈도시에서〉였어요. 당시 파스 뮤지컬은 내용은 부실하지만 아름다운 노래와 춤과 인기 연주자의 공연이 어우러진 것이 특징이었죠. 이런 발전을 거쳐 1893년 시드니 존스는 최초의 뮤지컬 코미디인 〈게이어티 걸〉을 무대에 올렸어요.

2. 미국의 뮤지컬

미국의 뮤지컬은 유럽보다는 좀 더 쉽고 즐거운 여흥을 목적으로 만들어졌어요. 1730년대 사우스캐롤라이나주에서 〈플로라〉란 발라드 오페라가 공연됐다는 기록이 있는 거로 보아 미국의 뮤지컬 역시 18세기 무렵부터 시작됐음을 알 수 있어요. 하지만 본격적인 발전은 19세기 중엽 민스트럴 쇼 minstrel show(흑인 노래와 셰익스피어의 희극과 오페라를 혼합한 형태의 미국식 악극)와 보드빌vaudeville(풍자적인 대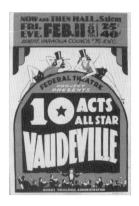

중가요를 의미하던 용어, 가벼운 뮤지컬 극), 발레스크burlesque(해학적인 내용을 담은 장막 풍자극)로 이뤄졌어요. 문학 작품에서 시작한 유럽의 뮤지컬과는 달리 미국의 뮤지컬은 쇼와 코믹 오페라, 오페레타가 결합한 뮤지컬 코미디로 성장해 왔어요.

3. 한국의 뮤지컬

한국에서 시작된 최초의 뮤지컬은 1966년에 공연한 〈살짜기 옵서예〉입니다. 예그린 악단이 제작한 〈살짜기 옵서예〉는 조선의 풍자 소설 《배비장전》을 재해석한 대한민국 뮤지컬 1호이자 창작 뮤지컬의 시작을 연 작품인데요. 초연 당시 나흘 동안 모인 관객이 1만 6000여 명에 이를 정도로 흥행 면에서도 큰 성공을 거뒀어요. 초연 당시 주연을 맡은 배우는 대한민국 대중가요의 산증인 패티 김이었는데

요. 패티 김이 부른 주제가 〈살짜기 옵서예〉도 큰 사랑을 받았습니다. 단장 박용구, 음악(상임 지휘) 최창권, 무용 임성남, 연출 백은선, 임영웅 그리고 주연배우 패티 김까지 음악, 무용, 연극 등 각 분야의 전문가가 모인 이 작품은 한국 뮤지컬의 시작을 알렸습니다.

다시 처음부터,
음악으로

정말 하고 싶은 걸 하고 있다면 당신은 무진장 운 좋은 사람이에요.
그런 면에서 아주 어릴 적의 저는 굉장한 행운아였죠.

앤드루 로이드 웨버

다양한 분야를 공부해 보고 싶었던 앤드루는 옥스퍼드 모들린 대학에서
전공으로 역사학을 선택했어요. 하지만 앤드루의 생각과는 달리 역사학
공부는 그와 맞지 않았죠. 결국 앤드루는 아버지의 조언에 따라 왕립음악
대학에 입학하게 됩니다. 차세대 클래식 주자로 주목받기 시작했지만 앤
드루는 어릴 적 숙모가 보여 준 뮤지컬을 잊을 수 없었어요.

뮤지컬! 너는 내 운명

앤드루는 대학교에서는 음악이 아닌 다른 학문을 공부해 보고 싶었어요. 어릴 때부터 옛 유적지를 돌며 상상의 나래를 펼쳤던 그는 역사학에도 관심이 많았답니다. 앤드루는 클래식 음악을 자신이 해야 할 평생의 업(業)으로 여겼고 역사 공부는 그의 음악을 받쳐 줄 기반이 될 거라 믿었죠. 훗날 앤드루가 만든 음악을 살펴본다면 당시 그의 생각은 옳았어요.

앤드루는 옥스퍼드의 모들린 대학에서 역사학을 공부하기 시작했어요. 둘 다 잘할 수 있다고 자신만만하던 것도 잠시, 앤드루는 곧 고민에 빠졌어요. 역사학은 분명 흥미로운 학문이었지만 음악과 병행하기에는 어려움이 있었거든요. 게다가 학교에 다니면 다닐수록 내가 지금 집중해야 할 것은 '음악'이란 생각이 앤드루를 괴롭혔어요. 앤드루는 아버지께 그간의 방황을 털어놓았어요.

"아버지, 전 역사도 좋고 음악도 좋아요. 그런데 제가 잘할 수 있는 건 음악인 것 같아요."

앤드루의 고민을 들은 아버지 윌리엄은 아들을 돕고 싶었어요.

"앤드루, 그럼 앞으로 어떻게 하고 싶니? 음악 공부를 계속하려면 대학에 다시 가야 하지 않을까?"

"일단 모들린 대학은 자퇴해야 할 것 같아요. 그리고 음대에 다시 입학해서 공부할 생각이에요."

결국 앤드루는 학교를 자퇴하고 아버지가 교수로 재직 중인 왕립음악대학교에 편입하게 됩니다. 그런데 아이러니하게도 앤드루의 고민은 또다시 시작되고 있었어요.

"앤드루! 같이 연습실에 안 갈래?"

음대에서 만난 친구들이 앤드루를 불렀지만, 그는 계속 반복되는 연습이 무의미하게만 느껴졌어요.

"아니, 오늘은 그냥 빠질래."

"너 오늘 연습도 빠지면 교수님한테 혼날 텐데."

앤드루를 설득하려다 포기한 친구들이 강의실로 들어가는 걸 보면서 그의 마음은 복잡해졌어요. 무거운 악기를 짊어지고 매일 연습을 반복하는 친구들의 모습이 곧 자신의 현재이자 미래의 모습 같았거든요.

'다니던 학교도 관두고 음악만이 살길이라 외치며 다시 시작한 공부인데, 그때의 열정은 어디 간 거지?'

그토록 자신이 사랑하는 클래식 음악을 공부하는데 왜 이렇게 무기력하게 느껴지는 건지 앤드루는 이해하기 힘들었어요. 한 번도 음악이 아닌 다른 길을 생각해 보지 않았는데, 그렇다고 친구나 선배들이 해 온 방식 그대로를 반복하고 싶지는 않았어요. 오랜 고민 끝에 앤드루는 결론을 내렸어요.

앤드루, 이 무대의 주인공은 너야

'클래식 음악을 꾸준히 공부하는 것도 분명 의미 있는 일이지만 내 길은 아니야. 지금 이 순간 내가 간절히 원하는 건 클래식 음악과 대중음악을 접목한 새로운 작품을 만들어 내는 거야!'

음악은 분명 급이 없지만 세상이 바라보는 눈은 그렇지 않음을 앤드루는 알고 있었어요. 그리고 클래식과 대중음악의 크로스오버가 대중들의 외면을 받을지도 모른다는 두려움도 있었어요. 하지만 자기 자신을 믿고 끊임없이 노력하는 사람에게 대가는 반드시 따라온다고 하지요. 기존의 틀을 벗어나 새로운 것을 해 보고 싶다는 앤드루의 바람은 한 통의 편지와 함께 어마어마한 성공으로 돌아옵니다.

클래식과 대중음악의 '꿀케미' 크로스오버 음악

'크로스오버 음악Crossover Music'이란 서로 다른 장르의 음악을 섞어서 만든 음악을 말하는데요. 요즘의 크로스오버는 재즈 같은 대중음악에 클래식 음악을 합치거나 반대로 클래식 오케스트라에 팝을 섞는 등 클래식과 대중음악을 함께 사용하는 경우가 대부분이에요. 그럼 클래식과 대중음악의 꿀케미를 선사하는 크로스오버 음악들을 살펴볼까요?

1. 재즈, 클래식을 만나다

재즈피아니스트 클로드 볼링은 1975년 경 플루티스트 장 피에르 랑팔을 위해 〈플루트와 재즈 피아노 트리오를 위한 모음곡 Suite for Flute and Jazz Piano Trio〉을 발표했는데요. 이 앨범은 재즈와 클래식의 환상적인 만남을 제공했고 발매 이후 연일 빌보드 클래식 차트를 차지하면서 클로드 볼링에게 큰 성공을 안겨 줬습니다. 이 앨범의 성공 요인은 낯설지는 않지만 뭔가 새로운 감성에 있었는데요. 플루트의 깨끗한 선율과 재즈의 경쾌한 리듬이 어우러진 이 앨범은 클래식 팬과 재즈 팬의 마음을 사로잡았습니다.

2. 록, 오케스트라를 사로잡다

록 그룹과 오케스트라가 함께 연주한 역사는 1970년부터 시작됐는데요. 딥 퍼플과 로열 필하모닉 오케스트라가 〈록 그룹과 오케스트라를 위한 협주곡Concerto for Group & Orchestra〉을 발표한 겁니다. 총 3악장으로 만든 이 앨범은 딥 퍼플 멤버 존 로드가 창작한 곡들로 이뤄졌어요.

3. 성악가와 팝 가수가 만나다

테너 플라시도 도밍고와 컨트리 가수 존 덴버가 발표한 〈퍼햅스 러브Perhaps Love〉, 그리고 한국의 대중음악 가수 이동원과 테너 박인수가 함께 부른 〈향수〉 역시 크로스오버 음악의 성공 사례 중 하나입니다. 세계적인 테너 루치아노 파바로티가 주최한 〈파바로티와 친구들〉에는 팝 가수 셀린 디옹, 엘튼 존, 머라이어 캐리 등 팝 스타가 참여해 합동 공연을 펼쳤습니다.

최고의 파트너를

만나다

황금 콤비,
팀 라이스와의 만남

스무 살 때 열일곱 살의 앤드루를 만났어요.
나는 팝송 쓰기에 몰두해 있었고 앤드루는 극장 무대를 위한
곡 만들기에 열중했죠. 결국 우리는 힘을 합치기로 결정했어요.

팀 라이스

위대한 예술가에게는 항상 그와 함께한 파트너가 있습니다. 앤드루 로이드 웨버에게도 팀 라이스라는 작사가가 없었다면 성공은 어려웠을지도 몰라요. 레코드 제작 경험을 바탕으로 아름다운 노랫말을 쓸 줄 알았던 팀 라이스는 앤드루와 함께 〈요셉과 놀라운 색동옷〉, 〈지저스 크라이스트 슈퍼스타〉 그리고 〈에비타〉의 성공을 이끌어 낸 황금 콤비이자 친구, 그리고 라이벌이었어요.

운명의 편지를 받다

1965년, 열일곱 살이 된 앤드루는 스무 살의 법대생에게서 한 통의 편지를 받게 되는데요. 그가 바로 앤드루에게 최고의 파트너이자 동시에 미움의 대상이기도 했던 팀 라이스였습니다.

"앤드루! 당신 음악에 어울리는 가사를 쓸 수 있는 '재능' 있는 사람을 찾는다고 들었습니다. 시간이 허락한다면 나를 만나 보는 게 어떻습니까?"

기존의 틀을 벗어나 새로운 음악을 하고 싶었던 앤드루에게 아름다운 노랫말과 이야기를 쓸 줄 아는 팀의 존재는 가뭄의 단비와도 같았어요. 간결하지만 매혹적인 편지를 읽은 후, 그는 당장 팀을 만났답니다.

팀 라이스는 영국 남동부의 버킹엄셔 주에서 태어났어요. 아버지와 어머니 모두 군인인 집안에서 태어난 그는 파리 유학을 다녀온 뒤 EMI 레코드사에 입사해 관리자 양성 수업을 받았어요. 당시 EMI 레코드사는 비틀스를 배출한 당대 최고의 음반사였는데요. 팀은 EMI 소속 제작자이자 가수인 노리 파라머가 자기 회사를 차리기 위해 회사를 떠나자 그를 따라 회사를 옮겼어요. 그곳에서 팀은 클리프 리처드와 같은 유명 음악가들과 작업할 기회를 얻었어요. 팀은 하루빨리 새로운 회사를 설립해 자신이 원하는 음악을 만들고 싶었어요.

 클래식 음악가 부모님 밑에서 좀 더 자유롭게 성장한 앤드루와 달리 팀은 보다 엄격하고 원칙주의적인 집안에서 자랐는데요. 앤드루와 팀은 살아온 환경만큼이나 성격도 생각도 달랐지만 둘은 곧 친구가 되었어요. 천부적인 음감과 작곡 실력을 갖춘 앤드루와 레코드 제작 경험을 바탕으로 빼어난 가사를 쓸 줄 알았던 팀은 첫 작품으로 음악극 〈우리들의 유사함 The Likes of Us〉을 내놓습니다. 레슬리 토머스의 원전을 각색한 〈우리들의 유사함〉은 아일랜드의 자선 사업가였던 토머스 베르나르도의 실화를 다룬 이야기였어요. 하지만 아직 세상은 젊고 패기 넘치는 그들을 알아주지 않았어요. 훗날 그들은 뮤지컬 역사를 새로 쓴 최고의 콤비가 됐지만, 첫 번째 작품은 무대에 올릴 수 없었어요. 뼈아픈 실패를 뒤로한 채 앤드루와 팀은 새로운 작업에 몰두하기 시작했어요.

〈우리들의 유사함〉(1965)

〈우리들의 유사함〉은 앤드루 로이드 웨버와 팀 라이스가 함께 만든 첫 작품이에요. 1965년에 만든 이 작품은 아일랜드의 자선가 토머스 베르나르도의 이야기를 다룬 뮤지컬인데요. 빅토리아 시대의 런던 시민들은 실업, 빈곤과 질병에 시달리고 있었어요. 수천 명의 아이가 거리에서 밤을 보내고 어른들의 강요 아래 구걸하고 있었죠. 이런 상황을 본 토머스 베르나르도는 거리의 아이들이 기본 교육을 받을 수 있도록 좁은 학교Ragged School를 설립했습니다. 이후 그는 동료이자 박애주의자인 시리Syrie Louise Elmslie와 결혼하고 모스 포드 롯지Mossford Lodge에 소녀들을 위한 학교를 세우는데요. 토머스와 시리는 소녀들에게 보육 간호 과정을 가르쳤고, 그들은 훌륭한 간호사로 성장했습니다.

베르나르도의 자선 이야기를 바탕으로 한 〈우리들의 유사함〉은 오랫동안 상연되지는 못했는데요. 제작한 지 40년이 지난 2005년에 앤드루 로이드 웨버는 시드몬턴 페스티벌에서 이 작품을 선보였어요. 그 이후 아마추어 연극협회 NODA(National Operatic and Dramatic Association)와 RUG(Really Useful Group)가 함께 정식으로 작품을 선보이게 됩니다. 앤드루 로이드 웨

버는 〈우리들의 유사함〉이 아마추어 예술인들을 위한 작품임을 강조했는데요. 작품을 함께 진행한 NODA는 영국 아마추어 극장의 대표 기관으로 매년 500~700만 관객을 모으는 아마추어 사회 멤버십을 보유하고 있고 실험적인 극예술을 개발한다는 전에서 큰 의미가 있었죠. 〈우리들의 유사함〉을 발표하면서 NODA와 RUG는 작품 수익금을 베르나르도 재단에 기부했습니다.

질주에 성공하다,
〈요셉과 놀라운 색동옷〉

나의 모든 희망 사라져 버리고

세상도 나를 모른 체하나

난 두렵지 않아

외롭지 않아

나의 모든 고통

곧 끝날 테니까

뮤지컬 〈요셉과 놀라운 색동옷〉,

〈클로즈 에브리 도어Close Every Door〉 중에서

앤드루 로이드 웨버와 팀 라이스의 첫 성공작, 〈요셉과 놀라운 색동옷〉은
사실 영국의 한 사립초등학교 학예회를 위해 준비한 작품이었어요. 앤드
루는 로큰롤과 컨트리 그리고 칸타타 형식을 결합해 음악을 만들었고, 학
예회 무대로 끝날 줄 알았던 〈요셉과 놀라운 색동옷〉은 학부모로 참석한
한 음악 평론가에 의해 알려지기 시작했어요.

학예회를 첫 무대로

"팀! 정말 좋은 소식이 있어!"

둘만의 작업 공간에서 팀은 언제 완성할지 기약조차 할 수 없는 이야기 구성에 몰두하는 중이었어요. 오랜만에 상기된 얼굴을 한 앤드루가 작업실로 뛰어 들어왔어요.

"앤드루, 무슨 일이야?"

"엄청난 일이 지금 일어났다고! 이것만 성공하면 우리는 정말 최고가 될 거야!"

"어떤 일인데?"

"콜렛 코트Colet Court라는 학교 알아?"

"글쎄, 혹시 사립초등학교 말하는 거야?"

"그 학교 교장 선생님이 우리한테 뮤지컬을 만들어 달래. 이제 정말 확실하게 우리 음악을 무대에 올릴 수 있다고."

"진짜? 정말 우리한테 음악을 의뢰했다고? 그런데 어떤 음악을 만들어야 하는데?"

"음, 성서 이야기 중 하나를 풀어 달라는데. 혹시 구약성서 내용 중에 요셉과 색동옷 이야기 알아?"

"당연히 알지! 어릴 때부터 많이 듣던 이야기인걸."

세상에서 가장 유명한 성서 이야기 중 하나고, 오페라로도 잘 알려진 이야기를 어떻게 풀어내야 할지 둘은 의논했어요.

"앤드루, 세상 사람들이 거의 다 아는 이야기를 음악으로 만들려면 새로운 형식이 필요해. 사람들은 다 아는 이야기는 지루해 하니까."

"그래서 말인데, 나는 요셉 이야기가 성서 내용이기는 하지만 가스펠만 쓰지 말고 대중적인 음악을 같이 섞었으면 좋겠어. 팝이든 록이든. 그래야 듣는 사람도 좋아하지 않을까?"

신앙심이 누구보다 깊었던 앤드루는 성스러우면서도 따뜻한 가족극을 만들고 싶었어요. 그런데 사실 콜렛 코트 학교에서 의뢰한 뮤지컬은 조촐한 학예회용 무대였답니다. 하지만 희망에 부푼 두 사람에게 그 사실은 중요하지 않았어요. 두 사람은 이 작품을 로큰롤과 컨트리 음악 그리고 칼립소*를 결합한 칸타타* 형식으로 만들었어요.

여러분은 혹시 세계 최고의 거장이 된 두 사람이 이렇게나 기뻐한 무대가 초등학생 학예회였단 사실이 실망스러운가요? 실망하기에는 아직 일러요. 초등학교 학예회 무대로 만든 그들의 작품 〈요셉과 놀라운 색동옷Joseph and the Amazing Technicolor Dreamcoat〉은 상상도 할 수 없을 만큼 큰 성공을 거뒀거든요.

● **칼립소(Calypso)** 서인도 제도의 트리니다드 섬 원주민의 경쾌한 민속 음악
● **칸타타(Cantata)** 합창, 중창, 독창과 기악 합주가 섞인 짧은 악극 풍의 성악곡

강렬한 인상을 남긴 15분의 공연

첫 무대를 올린 지 두 달 후, 앤드루에게 또 한 번 작품을 무대에 올릴 수 있는 좋은 기회가 찾아왔어요.

"앤드루, 〈요셉과 놀라운 색동옷〉을 다른 형식으로 편곡할 수 있겠니?"

"가능하죠. 그런데 그 곡은 왜요?"

"내가 일하는 교회에서 합창단이 공연을 해. 성 바울 중학교 합창단이 너희 곡을 부르면 좋을 거 같아서. 한번 해 보지 않을래?"

앤드루는 아버지의 요청을 받아들여 런던 성 바울 중학교 합창단이 공연할 수 있도록 〈요셉과 놀라운 색동옷〉을 정성껏 편곡했어요.

공연 날, 합창단의 아름다운 노랫소리가 강당을 가득 메우며 울려 퍼지자 그 곡을 듣고 전율한 학부모가 있었습니다. 바로 〈런던 선데이 타임스〉에 음악 평론을 기고하던 기자였어요.

"처음 듣는 곡인데 어쩜 이렇게 아름답지?"

아이의 합창 연주회에서 들은 선율을 잊지 못한 그는 곡을 만든 사람을 수소문하다 작품을 만든 사람이 20대 초반의 젊은이임을 알고 놀랐어요.

"이 둘은 정말 천재야. 15분짜리 무대가 대극장 무대만큼이나 강렬해."

그가 〈런던 선데이 타임스〉에 기고한 평론은 말 그대로 극찬이
었어요. 이름이 알려진 것도, 큰 무대에 선 것도 아닌 〈요셉과 놀
라운 색동옷〉에 극찬이 이어지자 이 작품을 궁금해하는 사람들이
많아졌어요.

"어디 가면 볼 수 있는 거야?"

"〈요셉과 놀라운 색동옷〉 표를 구할 수 있나요?"

무명의 청년 둘이 만들어 낸 〈요셉과 놀라운 색동옷〉에 대한 반
응은 그야말로 뜨거웠어요. 하지만 기쁨의 박수를 치는 것도 잠
시, 작사를 한 팀도 곡을 만든 앤드루도 그들에게 당장 필요한 게
무엇인지를 알게 됐어요.

"앤드루, 공연을 올리려면 좀 더 긴 곡이 필요해. 이것만 가지고
는 무대에 올릴 수 없어."

"맞아, 팀 15분짜리 곡은 너무 짧아. 다시 곡을 써야 하는데 시간
이 너무 부족해."

처음 앤드루와 팀이 만든 〈요셉과 놀라운 색동옷〉은 15분짜리
오라토리오* 곡이에요. 초등학교 학예회나 합창단 무대에는 손색
이 없지만 큰 무대를 꾸미기에 턱없이 짧았어요. 하지만 새로운

● **오라토리오(oratorio)** 합창이 주를 이루는 성악곡. 줄거리는 있지만 배우의 연기는 없는 게 특징임

〈요셉과 놀라운 색동옷〉 공연 장면

작업을 하기엔 시간이 없었죠.

결국 웨스트민스터 센트럴 홀에서 대중들에게 처음으로 선보인 공연은 콘서트 형식을 빌릴 수밖에 없었답니다. 콘서트는 성공적이었지만 앤드루와 팀은 만족스럽지 않았어요.

"팀, 시간이 걸리더라도 곡을 수정하자."

"이 작품은 이야기도 그렇고 노래 수를 늘려서 장편 뮤지컬로 만들어야 할 것 같아."

결국 그들은 15분짜리 오리지널 곡을 90분(2막) 뮤지컬로 고치고, 1976년에 드디어 브로드웨이에서 첫선을 보였어요. 재능은 물론 자신감까지 출중했지만 세상이 알아주지 않던 황금 콤비 앤드루 로이드 웨버와 팀 라이스가 뮤지컬의 역사를 다시 쓴 순간이었어요. 그 이후에 어떻게 됐냐고요?

1982년에 브로드웨이에서 열린 리바이벌 공연에서는 토니상 후보작으로 오르기까지 했고요. 지난 2014년에는 한국에서도 공연돼 큰 성공을 거뒀답니다.

〈요셉과 놀라운 색동옷〉

야곱의 아들 요셉의 이야기는 구약성서에서 가장 유명한 이야기 중 하나인데요. 야곱은 열한 번째 아들 요셉을 무척 예뻐해서 귀한 색동옷을 지어 줬어요. 하지만 아버지의 사랑을 독차지한 요셉은 형들의 미움을 받았어요. 더군다나 요셉이 꿈에서 별들이 자신에게 절을 했다고 말하자 형들의 질투는 더욱 커졌죠. 요셉의 꿈은 그가 훌륭한 예언자가 될 것을 예견하는 것이었거든요. 질투에 눈이 먼 형들은 요셉이 다시는 집에 돌아올 수 없도록 이집트의 노예로 팔아 버립니다.

부지런하고 성실했던 요셉은 보디발이라는 이집트의 고관 밑에서 일하면서 두터운 신임을 얻게 돼요. 하지만 안타깝게도 요셉은 또 다른 시련을 맞이하게 되죠. 보디발의 아내가 요셉을 유혹하려 했고, 요셉이 그 유혹을 뿌리치자 화가 난 보디발의 아내가 그를 강간범으로 몰면서 감옥에 갇히게 된 거예요. 꿈을 볼 줄 알았던 그는 감옥에서 만난 죄수 두 명의 꿈을 해몽해 주는데요. 그중 한 사람이 파라오의 신하였어요. 요셉의 능력을 높이 산 그는 파라오에게 그 사실을 알렸고, 파라오의 꿈을 들은 요셉은 7년 동안 풍년이 들었다가 다시 7년 동안 흉년이

뮤지컬 〈요셉과 놀라운 색동옷〉 포스터

들 것이라고 예언했어요. 파라오는 고마워하며 요셉을 이집트의 총리로 삼고 기근을 해결하도록 지시했지요. 요셉의 예언대로 얼마 뒤 큰 흉년이 들었어요. 요셉을 노예로 팔아 버린 형들은 식량을 찾아 이집트로 건너왔어요. 그들은 이집트의 총리가 된 동생을 알아보지 못했지만 요셉이 나중에 자신의 정체를 밝힙니다. 형제들은 잘못을 뉘우쳤고 잃어버린 줄만 알았던 아들이 나타났다는 소식에 아버지 야곱은 이집트로 옵니다.

요셉의 파란만장한 삶은 예술가들의 좋은 소재로 쓰였는데요. 렘브란트를 비롯한 여러 화가는 요셉과 보디발의 아내가 함께 있는 장면을 그렸고요. 헨델과 프랑스의 작곡가 에티엔 니콜라 메율과 같은 음악가들도 요셉의 이야기를 소재로 음악을 만들었어요. 헨델은 오라토리오 〈요셉과 그의 형제들〉(1744)을 썼고, 메율은 오페라 〈요셉〉을 지었어요.

클래식과 록 음악도 잘 어울려,
〈지저스 크라이스트 슈퍼스타〉

우린 여길 지켜야 해

우린 이겨내고 살아야 해

당신 선택 멈추고 다시 한 번 생각해

저기 사람들 모두 헛된 천국 생각뿐

이 선택은 너무 위험해 위험해 위험해

뮤지컬 〈지저스 크라이스트 슈퍼스타〉,
〈헤븐 온 데어 마인즈Heaven on their minds〉 중에서

〈요셉과 놀라운 색동옷〉이 성공을 거둔 뒤, 앤드루와 팀은 영국 성공회 주임 사제에게서 예수를 주인공으로 한 뮤지컬을 만들어 달라는 부탁을 받게 돼요. 그때 탄생한 작품이 바로 〈지저스 크라이스트 슈퍼스타〉예요. 신을 믿지 않는 요즘 젊은이들이 종교에 관심을 갖도록 독려하자는 취지에서 만들어진 이 뮤지컬은 파격적인 록 사운드와 톰 오호건의 전위적인 연출이 더해져 비난과 잔사를 동시에 받게 됩니다.

예수를 주인공으로 록 음악을?

〈요셉과 놀라운 색동옷〉의 성공으로 자신감을 얻은 팀과 앤드루는 작은 작업실을 벗어나 뉴 벤처 시어트리컬 매니지먼트New Venture Theatrical Management라는 회사를 설립하고 활동을 시작했어요.

그러던 어느 날, 그들은 〈요셉과 놀라운 색동옷〉을 재미있게 본 런던 세인트 폴 성당의 주임 사제를 만나게 되는데요.

"자네들의 작품을 정말 잘 봤네. 구약성서 내용을 그렇게 풀어내다니 참으로 놀라워!"

"과찬의 말씀이세요! 작품을 재미있게 보셨다니 저희도 기쁩니다."

앤드루와 팀은 〈요셉과 놀라운 색동옷〉의 성공이 기쁘기는 했지만, 한편으로는 종교계의 비난을 받지는 않을까 걱정스러웠어요. 그들은 음악은 급을 나눌 수 없고 어떤 장르든 존중받을 권한이 있다고 믿었지만 세상은 그렇지 않았거든요. 신성한 구약성서 이야기를 대중음악으로 풀어낸 두 사람이 유명해질수록 비난의 소리도 조금씩 높아지고 있었어요. 하지만 보수적인 성향이 강한 가톨릭이나 기독교 목사들과는 달리 영국 성공회 주교들은 진보적이었어요. 그래서 어린이들에게 들려주기 딱 좋은 요셉 이야기를 팝과 록 음악으로 만든 두 청년에게 부탁을 했어요.

"요즘 영국 신세대 중에는 신을 믿지 않는 이들이 많다는 거, 자네들도 알고 있지?"

"네, 신문에서 읽었어요. 요즘 교회나 성당을 거부하는 젊은이들이 많다고요."

"자네들의 생각은 어떤가?"

신앙심이 깊었던 앤드루는 교회나 성당을 거부하는 또래 아이들이 안타까웠어요.

"사실 그것 때문에 우리가 자네들을 만나자고 한 걸세. 〈요셉과 놀라운 색동옷〉은 구약성서 내용이지 않나. 신약성서에도 좋은 이야기들이 많이 있지. 자네들, 예수를 주인공으로 음악을 만들어 주지 않겠나?"

평소 자신이 믿던 예수님을 소재로 한 음악이라니! 설레는 제안에 앤드루의 가슴은 뛰기 시작했어요. 하지만 걱정스러운 게 한가지 있었죠.

"주교님, 저희 작품을 보셔서 아실 테지만 팀과 제가 만드는 음악은 가스펠만 사용하지 않아요. 신도들이 싫어하는 록이 들어갈 수도 있고 팝적인 요소를 넣을지도 몰라요. 그래도 괜찮으신가요?"

앤드루가 조심스레 묻자 성공회 주교는 명확하게 힘주어 답했어요.

"어떤 음악이든지 사용해도 좋다네. 종교를 잃어버린 청년들이 관심을 가질 수 있게 좋은 음악을 만들어 줘."

주교의 확실한 요청에 신이 난 앤드루는 바로 작업을 시작했어요. 가롯 유다의 시점에서 예수에게 던지는 질문의 노래는 충분히 도발적이었고 젊은이들의 관심을 끌기 충분했어요. 앤드루와 팀이 종교적인 노래에 도발적인 색채를 가미하게 된 이유를 알려면 그 당시 문화를 살펴볼 필요가 있는데요.

두 사람이 20대이던 1960년대 후반부터 1970년대에는 엘비스 프레슬리와 비틀스 이후 본격적인 하드 록 그룹들이 등장했어요. 이른바 '록의 르네상스'라고 할 수 있는 그 시기는 록 음악을 숭상하는 젊은이와 록은 무조건 시끄럽고 쓸모없는 음악이라 여기는 기성세대와의 마찰이 심했던 때였죠. 지금도 기성세대라면 고개를 절레절레 저을 법한 자유분방함과 저항, 그리고 히피 문화˙는 록 음악과 필연적인 관계에 있었거든요. 그 당시 기성세대가 록 음악에 열광하는 신세대를 어떻게 바라봤을지 짐작할 수 있겠죠? 그런 시대에 예수를 슈퍼스타로 부르고 그 추종자들을 히피로 해석한 록 뮤지컬은 그 자체가 대단한 모험이었어요.

● **히피 문화** 폭력과 억압에 저항하고 자연으로 돌아갈 것을 주장하는 문화

추종하거나 혹은 거부하거나

"앤드루, 이번에는 음반을 먼저 발매해 보는 건 어떨까? 무대에 올리기 전에 사람들의 반응이 궁금해."

"나도 그래. 우리 음악을 먼저 듣고 사람들이 어떻게 생각하는지 알 수 있으면 다음 곡을 만들기도 더 쉬울 것 같아. 그런데 음반 작업을 어떻게 해야 하지?"

"그건 걱정하지 마. 내가 한번 알아볼 테니까."

〈요셉과 놀라운 색동옷〉 작업을 하면서 앤드루와 팀은 15분짜리 곡을 90분이나 되는 2막 공연으로 고쳤는데요. 그때 얼마나 힘들었던지 두 사람 모두 그런 경험을 다시는 하고 싶지 않았어요. 그래서 앞으로는 곡을 만들 때 음반을 먼저 내기로 결심했었어요. 음반을 미리 발매하면 공연 전 대중들의 반응을 살필 수 있고 곡이 히트하면 공연을 보러 오는 관람객도 많아질 테니까요. 물론 이런 시도는 음반 제작 경험을 바탕으로 프로듀싱과 유통망까지 섭렵한 팀 라이스가 있었기에 가능한 일이었지요. 요즘 같은 음반 불황 시대에는 불가능한 일이 되었지만 앤드루와 팀이 활동을 시작하던 1970년대에는 충분히 승산이 있었어요. 그리고 두 사람의 판단은 틀리지 않았어요.

표지에 성공회 주교의 추천사가 실린 첫 싱글 앨범 〈지저스 크라이스트 슈퍼스타〉는 1969년 미국과 영국 차트 정상을 차지했어요. 그들의 예상대로 첫 상연을 하기도 전에 황금 콤비가 선보일 〈지저스 크라이스트 슈퍼스타〉를 기대하는 사람들이 많아졌거든요. 첫 앨범이 성공하자 음반사 MCA에서 둘에게 정식 록 오페라 앨범을 만들자고 제안해요.

공연을 올리기 직전 앤드루와 팀은 같은 제목의 더블 앨범을 발표했는데 예수 역할을 맡은 사람은 하드 록 밴드 '딥 퍼플'의 리드 싱어인 이언 길런이었어요. 하드 록 밴드 보컬이 예수 역할을 맡다니! 당시 젊은이들이 얼마나 열광했을지 여러분은 상상이 가나요? 이 음반의 인기는 어마어마해서 앤드루와 팀은 자신들이 태어난 영국이 아닌 미국에서 단독 투어 콘서트를 열 정도였어요.

〈지저스 크라이스트 슈퍼스타〉 앨범이 큰 성공을 거두자 공연 선정에 까다롭기로 유명한 브로드웨이 관계자들도 관심을 두기 시작했어요. 당시 대부분의 뮤지컬 음악은 대본과 대사를 미리 써 놓은 후에 음악을 맞추는 방식으로 만들었는데요. 더군다나 브로드웨이에는 오케스트레이션*을 이해할 만한 전문 작곡가가 거의 없었어요. 전문 작곡가가 없으니 뮤지컬 공연 음악은 서로 비슷해질 수밖에 없었죠.

● **오케스트레이션**(orchestration) 관현악 연주를 목적으로 작곡하는 기법

최고의 파트너를 만나다

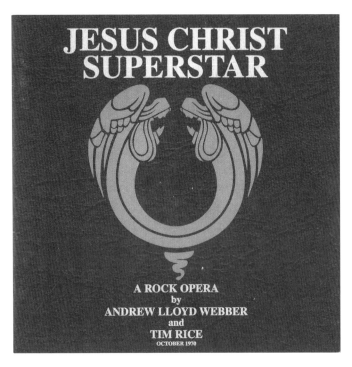

뮤지컬 〈지저스 크라이스트 슈퍼스타〉를 선보이기 전에 발매된 앨범

차별성이 부족한 브로드웨이 뮤지컬 업계에서 앤드루와 팀이 발표한 음악이 얼마나 새로웠겠어요. 참신함뿐만 아니라 오케스트레이션에 기초한 탄탄한 구성, 귀를 제대로 정화시킬 만한 멜로디가 있는 그들의 음악은 큰 주목을 받았어요.

결국 앨범 발매 1년 만에 앤드루 로이드 웨버와 팀 라이스가 만든 뮤지컬 〈지저스 크라이스트 슈퍼스타〉는 브로드웨이에 입성하게 됩니다. 브로드웨이 입성 첫날인 1971년 10월, 뉴욕 브로드웨이의 마크 헬링거 극장 앞에는 진풍경이 벌어졌어요.

"신성을 모독하는 〈지저스 크라이스트 슈퍼스타〉의 상연을 중지하라!"

피켓을 들고 공연 중단을 외치는 기독교인 시위대와 몇 주 전부터 공연을 기다린 관객들이 서로 충돌한 거예요. 한쪽에선 시위를, 반대편에선 공연을 보기 위해 아우성인 장면은 공연이 상연되는 동안 계속됐어요. 보수적인 기독교인은 이 작품이 신성을 모독한다고 주장했고, 유대교도들은 자신들에 대한 편견이 가득 차 있다고 비난했어요. 하지만 그들의 떠들썩한 시위는 〈지저스 크라이스트 슈퍼스타〉가 성공한 원인이 되었답니다. 본의 아니게 그들은 20대 초반 영국 청년들이 만든 초연작을 크게 홍보한 셈이 됐거든요. 요즘 말대로 하면 노이즈 마케팅˙을 제대로 하게 됐지만, 보수적인 기독교도와 유대교도들이 주장하는 것처럼 앤드루가 신성을 모독하는 젊은이는 아니었어요. 사실 〈지저스 크라이스트 슈퍼스타〉의 파격적인 형식은 연출을 맡은 톰 오호건의 성향과 깊은 연관이 있었어요.

● **노이즈 마케팅(Noise marketing)** 상품 홍보를 위해 고의적으로 이슈를 만들어 이목을 끄는 마케팅 기법

〈지저스 크라이스트 슈퍼스타〉

〈지저스 크라이스트 슈퍼스타〉는 예수가 십자가에 못 박혀 죽기 전 일주일간의 행적을 담고 있습니다. 예수의 죽음을 철저히 객관적인 시각으로 그려 낸 이 작품은 팀 라이스가 쓴 파격적인 가사와 톰 오호건의 무대 연출로 화제가 되었는데요. 앤드루 로이드 웨버와 팀 라이스는 줄거리에 곡을 붙이는 기존 뮤지컬 방식을 거부하고 처음부터 곡을 쓰고 나중에 가사를 붙이는 방법으로 극을 구성했어요. 당시 뮤지컬 음악은 재즈나 클래식 음악이 많이 쓰였는데요. 〈지저스 크라이스트 슈퍼스타〉는 록 음악 뮤지컬이었을 뿐 아니라 마치 오페라를 보는 것처럼 등장인물의 대사 없이 24곡의 음악이 사용되었죠. 유다와 벌이는 언쟁과 겟세마네에서 아버지에게 이 고통을 피하게 해 달라고 절규하는 예수의 모습은 신이라기보다는 다분히 인간적인 모습이었습니다. 〈지저스 크라이스트 슈퍼스타〉가 제시한 인간적인 신의 모습 때문에 일부 기독교인들이 반감을 보이기도 했지만요. 정작 교회를 거부하던 젊은이들은 예수의 삶에 다시 한 번 관심을 갖게 됐어요.

〈지저스 크라이스트 슈퍼스타〉는 720회의 브로드웨이 공연을 끝으로 막을 내렸지만 1972년경 웨스트엔드 팰리스 극장에선 무려 8년 동안 총 3,368회 공연을 가졌어요. 록과 블루스에 기반을 둔 음악들이 많아서인지 〈지저스 크라이스트 슈퍼스타〉는 전문 뮤지컬 배우보다는 뛰어난 록커나 보컬리스트들이 활약을 보여 줬습니다. 국내 공연만 해도 가수 김도향, 강산에, 윤도현, JK 김동욱 등 국내 최고의 로커이자 가수들의 활약이 돋보였죠.

〈지저스 크라이스트 슈퍼스타〉가 한국 무대를 만났을 때

1980년 한국에 처음 들어온 〈지저스 크라이스트 슈퍼스타〉는 〈슈퍼스타 예수 그리스도〉란 이름으로 상연됐어요. 에수 역에 이종용, 마리아 역에 윤목희, 유다 역에 故 추송웅, 김도향 그리고 빌라도 역에 유인촌, 박상원 등의 배우가 활약했는

데요. 당시 한국 관객들은 뮤지컬에 대한 개념이 익숙하지 않았음에도 큰 성공을 거뒀답니다. 한국에서 초연된 이 작품은 공들여 다듬은 가사가 인상적이기는 했지만 팀 라이스가 극에서 전달하고자 한 신에 대한 공격과 반항 그리고 경쾌한 어투는 많이 사라졌어요.

그리고 재미있는 건 브로드웨이에선 기독교도들이 극장 앞에서 데모를 벌일 만큼 파격적이었던 이 작품이 한국에서만큼은 다분히 기독교적이었다는 사실이에요. 독실한 기독교 신자들이 제작과 연기에 참여했기 때문인데요. 이 작품을 전도극으로 착각해 단체 관람을 오는 교인들도 많았다고 하니 앤드루 로이드 웨버와 팀 라이스 그리고 연출가 톰 오호건이 만든 〈지저스 크라이스트 슈퍼스타〉와는 분명히 다른 작품이었던 것 같죠.

다르지만 인정해! 톰 오호건

〈지저스 크라이스트 슈퍼스타〉의 브로드웨이 첫 입성을 앞두고 앤드루와 팀은 잔뜩 긴장해 있었어요.

"연출은 뮤지컬 〈헤어〉의 연출가 톰 오호건씨가 맡게 될 거예요."

앤드루와 팀은 '톰 오호건'이라는 이름을 듣자마자 걱정부터 앞섰어요. 이미 40대 중반의 중견 연출가였던 톰이 브로드웨이에 갓 입성한 자신들을 애송이로 여기지는 않을까 걱정됐거든요. 더군다나 줄거리에 곡을 붙이는 기존 뮤지컬과는 달리 〈지저스 크라이스트 슈퍼스타〉는 대사 전체가 음악으로 구성되어 있고 오케스트레이션이 중요한 작품이었습니다. 앤드루는 기존 뮤지컬 형식에 익숙한 연출자가 자신의 작품을 망치지는 않을까 염려스러웠어요.

톰 오호건은 1960년대 치열했던 실험극 연출가였어요. 브로드웨이의 대자본 연극에 저항해 라 마마 극단La Mama Experimental Theatre을 함께 이끈 사람이었죠. 그가 〈지저스 크라이스트 슈퍼스타〉를 맡기 전인 1967년에 연출했던 반전 뮤지컬 〈헤어〉는 50여 년이 지난 지금까지도 혁신적인 작품으로 손꼽히고 있어요. 전자 기타 소리로 시작하는 첫 장면에선 광야의 세례 요한처럼 입은 히피들이 등장하고요. 피날레 무대에서 톰은 브로드웨이 최초로 남녀 배우가 옷을 모두 벗어 던지는 파격적인 연출을 시도해 사회적인 파장을 몰고 왔어요.

공연 직전 유럽 여행을 하며 여러 작가와 교류를 맺어 온 톰은 영국은 물론 미국에서도 큰 인기를 얻은 앤드루와 팀을 알고 있었어요. 그래서 성경에 기록된 예수 최후의 7일을 다룬 〈지저스 크라이스트 슈퍼스타〉의 기획에 동참하기로 합니다. 하지만 조건이 있었어요.

"〈지저스 크라이스트 슈퍼스타〉는 좋은 작품이죠. 하지만 드라마가 너무 약한 게 흠이에요. 드라마가 약한 뮤지컬이 어떻게 흥행하겠어요? 우선 이야기 구성을 제대로 살리고 등장인물 캐릭터를 제대로 만들어 봅시다."

자신들의 작품을 지적하는 말에 앤드루는 화가 났어요. 하지만 톰의 비평은 계속됐어요.

"어차피 누구나 다 아는 성서 얘기라고요. 관객들이 새롭게 받아들이려면 극적인 요소가 있어야지요. 우선 예수의 고난을 성스러운 희생으로 볼 게 아니라 대중과 언론이 몰아간 아주 잔인한 쇼로 몰아 보자고요!"

예수의 고난이 잔인한 쇼라니! 톰이 주장하는 연출과 대본은 앤드루의 기준을 훨씬 넘어서는 거였어요.

"저는 그렇게 생각하지 않는데요. 과장된 스케일의 쇼도, 사실과 다를 수 있는 캐릭터도 제가 생각한 의도와는 달라요. 전 예전 작품처럼 팝 칸타타 형식을 가지고 만들고 싶어요."

처음부터 첨예한 의견 대립을 보이던 두 사람의 갈등은 작품이 진행될수록 더욱 심해졌어요. 결국 톰은 작품 리허설을 앞두고 충격적인 선언을 합니다.

"앤드루 로이드 웨버가 공연 리허설 현장에 온다면 전 이 작품을 더는 진행하지 않겠어요."

결국 제작사는 톰의 의견을 들어줬고 앤드루는 공연 리허설에 참여할 수 없게 됐어요. 20대 혈기 왕성한 앤드루는 톰의 편을 들어 준 제작사에 무척 화가 났지만 어쩔 수 없는 일이었죠. 그는 갓 브로드웨이에 입성한 젊은 작곡가일 뿐인걸요. 하지만 톰의 파격적인 연출은 여기서 끝이 아니었어요.

〈지저스 크라이스트 슈퍼스타〉에서 손꼽히는 장면인 예수와 유다의 언쟁에서 그는 신과 죄인이 아니라 마치 대등한 관계에서 서로에 대한 애증을 표현하는 인간들로 둘을 묘사합니다. 예수와 유다의 싸움은 신을 믿고 숭상하는 신본주의자와 인간의 의지를 믿는 인본주의자 또는 이상주의자와 현실주의자가 충돌하는 장면이라고도 볼 수 있는데요. 그만큼 〈지저스 크라이스트 슈퍼스타〉가 가진 메시지는 동시대 젊은이들이 고민하는 질문이기도 했어요.

톰의 파격적인 연출 방식은 결국 기독교도를 분노케 하는 동시에 흥행으로 이끄는 요인이 됐어요. 앤드루와 톰은 〈지저스 크라이스트 슈퍼스타〉의 초연 이후 함께 작품을 하지는 않지만, 앤드루는 결국 톰의 파격적이면서도 참신한 연출력을 인정하고 맙니다. 톰 오호건의 손에서 벗어나 새롭게 올린 2000년 버전 〈지저스 크라이스트 슈퍼스타〉조차 그의 연출에서 크게 벗어나지 않았으니 말이지요.

찬사와 혹평을 동시에

그럼 앤드루 로이드 웨버가 〈지저스 크라이스트 슈퍼스타〉에서 선보인 노래들을 함께 알아볼까요? 앤드루는 성서를 아는 이라면 모두가 알 만한 예수와 유다, 그리고 막달라 마리아의 이야기를 강렬한 록 사운드와 클래식 선율에 적절하게 배합했어요. 보통 뮤지컬 작곡가들은 다양한 변주로 곡을 만드는 리프라이즈Reprise 방식을 사용했는데요. 앤드루 로이드 웨버는 가사만 바꿔 같은 곡을 다른 캐릭터가 부르게 만들었어요. 너무 쉽게 곡을 쓴 게 아니냐고요? 그건 아니었어요. 앤드루의 과감한 시도 덕분에 성서 이야기를 토대로 만든 〈지저스 크라이스트 슈퍼스타〉를 관객들은 새롭게 해석할 수 있었고요. 각각의 팝과 록 넘버로 음악을 쉽게 기억할 수 있었답니다.

〈지저스 크라이스트 슈퍼스타〉의 세 주인공은 예수와 가룟 유다, 그리고 막달라 마리아인데요. 거리의 여인 막달라 마리아는 예수에게 다가갈 수 없는 사랑의 힘을 담아 〈아이 돈 노우 하우 투 러브 힘I Don't Know How to Love Him〉을 부릅니다. 이 곡은 스승을 은화 30냥에 팔아 버리고 괴로워하는 가룟 유다의 노래로 다시 한 번 반복된답니다.

〈지저스 크라이스트 슈퍼스타〉에서 가장 유명한 이 곡은 예수를 사랑한 막달라 마리아와 유다가 어떻게 자신들의 감정을 알고 행동하게 되는지를 보여 준 것이지요. 하지만 대중이 열광한 것과는 달리 이 작품은 비평가들에게 좋은 평가를 받지 못했어요. 적지 않은 평론가들은 록과 오페라가 혼합된 〈지저스 크라이스트 슈퍼스타〉만의 절충주의를 이해하지 못했거든요. 또 일부 기독교인과 유대인이 그러했듯이 신성한 예수의 이야기를 록으로 표현한 앤드루를 비난하는 사람도 늘어났어요. 솔직하면서도 대담한 팀 라이스의 가사가 동성애적인 요소를 담고 있다며 비난하는 평론가들도 있었답니다. 비평가들의 혹평 속에서도 〈지저스 크라이스트 슈퍼스타〉 공연은 2년 동안이나 계속되었고, 1972년 런던 초연 이후 8년 이상 런던 웨스트엔드의 무대를 지켜 왔어요. 비평가들의 혹독한 평가가 답답했던 앤드루는 〈뉴스데이〉와의 인터뷰에서 이렇게 말해요.

"〈지저스 크라이스트 슈퍼스타〉의 록은 스트라빈스키의 고전 음악 탈피에 비하면 아무것도 아니에요. 그저 우리가 원했던 건 세상 모두에게 통할 수 있는 새로운 용어와 스타일을 찾는 것이었어요."

'예술가는 언제나 그 시대의 외침을 다룰 줄 알아야 한다.' 이는 예술가에게 주어진 운명 같은 거예요. 시대의 외침을 외면하는 예술가는 당장 인기가 좋을지는 모르겠지만 역사의 엄정한 평가를 받게 되죠. 그런 의미에서 앤드루 로이드 웨버가 택한 록 뮤지컬 〈지저스 크라이스트 슈퍼스타〉는 시대의 외침을 제대로 해석한 작품이었어요.

(none)

뮤지컬의 본고장
웨스트엔드 vs. 브로드웨이

세계적인 뮤지컬 명소로 영국 런던의 웨스트엔드와 미국 뉴욕의 브로드웨이를 꼽는데요. 전 세계 공연 예술인과 팬들을 열광하게 만든 뮤지컬의 본고장 웨스트엔드와 브로드웨이의 매력을 살펴볼까요?

웨스트엔드(West End)

영국 서쪽 지역의 일부를 뜻하는 웨스트엔드는 영국 런던에서도 가장 번화한 상업 지구이자 50개가 넘는 뮤지컬 전용 극장이 있는 곳입니다. 〈오페라의 유령〉, 〈캣츠〉, 〈미스 사이공〉, 〈레 미제라블〉 등 전 세계인들의 사랑을 받은 이 뮤지컬들은 웨스트엔드에서 성공을 거둔 뒤 브로드웨이에 진출했는데요. 브로드웨이 뮤지컬이 쇼나 코미디에 기반을 둔 것들이 많다면 웨스트엔드 뮤지컬은 대부분 시나 소

설, 희곡 등 문학 작품을 토대로 만들어진 것들이 많습니다.

이곳에서 가장 오래 공연한 뮤지컬은 31년째 공연 중인 〈레 미제라블〉이며 아바의 음악을 공연으로 만든

〈맘마미아Mamma Mia〉와 영화를 무대로 올린 〈빌리 엘리엇Billy Elliot〉, 〈찰리와 초콜 릿 공장Charlie and the Chocolate Factory〉 등은 지금까지도 인기를 누리는 웨스트엔드 출신 뮤지컬입니다.

여기서 잠깐

웨스트엔드 뮤지컬을 보는 꿀팁

❶ 옷은 최대한 단정히 입습니다.

❷ 공연 시작 전 스탠딩 바에서 음료 한잔 어때요?

❸ 티켓 할인 부스를 가 볼까요? 싼 값에 좋은 공연 득템!
   Leicester Square(레스터 광장) www.tkts.co.uk

❹ 인기 공연이라면 적어도 공연 하루 이틀 전에는 극장으로 가서 표를 구매합니다.

브로드웨이(Broadway)

뉴욕 맨해튼에서도 가장 화려한 불빛을 자랑하는 브로드웨이는 뮤지컬 팬은 물론 배우 지망생에게도 꿈의 무대인데요. 상업성과 예술성을 갖춘 공연들을 일 년 내 내 선보이는 곳이기 때문입 니다. 이곳에선 극장 규모 에 따라 대형 극장인 '브로 드웨이', 500명 이하의 관 객을 수용하는 '오프 브로드 웨이Off-Broadway', 100명 이 하의 관객을 수용하는 '오프

오프 브로드웨이Off-Off-Broadway'로 나뉩니다. 브로드웨이에선 〈킹키 부츠〉나 〈시카고〉같이 상업성을 갖춘 작품이 상연되고, 오프 브로드웨이에선 '상업성'과 '예술성'을 겸비한 작품, 마지막으로 '오프 오프 브로드웨이'에선 실험적인 작품을 무대에 올리는데요. 오프 브로드웨이에서 성공해 브로드웨이 무대까지 진출한 뮤지컬 〈렌트〉처럼 인기에 따라 극장을 옮기는 경우도 있습니다.

여기서 잠깐

브로드웨이 티켓을 구매하려면?

❶ 타임스퀘어 중심에 있는 TKTS 서비스 이용

실시간 좌석 상황과 원하는 할인율을 알 수 있다.

긴 줄을 감수할 당신! 득템의 기회를 얻으리!

하지만 잘나가는 공연 티켓은 여기 없다는 것도 명심!

❷ 로터리 추첨을 기다린다

운이 좋다면 인기 공연 티켓을 저렴한 가격에 얻을 수 있다. 해당 뮤지컬 홈페이지에 올라온 추첨 시간에 맞춰 극장에 가거나 인터넷으로 추첨 신청서를 작성하면 된다. 그리고 나머지는 운명에 맡긴다. 로터리 추첨 역시 당일 표만 살 수 있다.

최고의 파트너를 만나다

부도덕한 인물 찬양이라고?
〈에비타〉

울지 마오, 나의 사랑
아르헨티나, 나의 사랑
어떠한 고생 날 엄습해도
그대는 결코 떠나지 않을게요

뮤지컬 〈에비타〉,
〈돈 크라이 포 미 아르헨티나Don't Cry for Me, Argentina〉 중에서

〈지저스 크라이스트 슈퍼스타〉로 찬사와 비난을 동시에 받은 앤드루는 차기작만큼은 다분히 영국적인 소재를 다루고 싶었어요. 하지만 우여곡절 끝에 앤드루는 팀 라이스가 오랫동안 준비한 아르헨티나의 퍼스트레이디 에바 페론의 이야기를 함께하기로 합니다. 성녀와 마녀를 오가던 에바 페론만큼이나 황금 콤비가 준비한 뮤지컬 〈에비타〉도 열광과 비판을 오간 작품이 됐어요.

앤드루, 이 무대의 주인공은 너야

성녀 혹은 마녀, 에바 페론을 만나다

〈지저스 크라이스트 슈퍼스타〉로 성공을 거둔 1972년 앤드루와 팀은 《피터 팬》을 뮤지컬로 만들어 달라는 의뢰를 받았어요. 하지만 두 사람 다 흥미를 갖지 못한 채 피터 팬 프로젝트에서 물러납니다. 팀과 앤드루는 황금 콤비였지만 다음 작품에 대해선 다른 생각을 하고 있었어요.

"팀! P. G. 우드하우스의 고집스러운 집사, 지브스Jeeves에 대한 얘기는 어떨까?"

다분히 영국적인 소재를 뮤지컬로 만들자는 앤드루의 의견이 팀은 마음에 들지 않았어요. 그러던 중 팀은 라디오에서 아르헨티나 퍼스트레이디 에바 페론을 다룬 연극 소식을 듣게 됩니다.

"에바 페론의 이야기는 정말 극적이야. 삼류 연극배우에서 영부인이 되다니! 게다가 여성 운동가로 이름을 떨치잖아. 세상에 어느 나라의 영부인이 '거룩한 악녀이자 천박한 악녀'란 소리를 듣겠어."

에바 페론에 대해 신나게 얘기하던 팀은 앤드루의 반응이 시원찮다는 걸 알게 됐어요. 그래서 앤드루가 좋아할 만한 조건을 이야기하지요.

"아르헨티나는 라틴 음악의 천국이야. 우리가 시도해 볼 음악이 많을 거야. 앤드루! 우리 한번 만들어 보지 않을래?"

하지만 앤드루의 반응은 그다지 좋지 않았어요.

"팀, 탱고도 좋고 라틴 음악도 좋아. 그런데 난 당분간은 〈지저스 크라이스트 슈퍼스타〉처럼 논쟁이 될 만한 작품은 안 하고 싶어."

앤드루는 거절했지만 팀은 여전히 에바 페론의 삶에 푹 빠져 있었고, 결국 부에노스아이레스로 날아가 그녀의 이야기를 취재하기 시작했어요.

파트너였던 팀이 지브스에 관심을 보이지 않자 앤드루는 영국의 극작가인 앨런 에이크본과 공동 작업에 들어갔어요. 앨런은 불바르 코미디⦁ 작가였는데요. 뮤지컬 〈지브스〉를 준비하면서 앤드루는 처음으로 대화체 문장을 작품에 사용했어요. 하지만 안타깝게도 이 작품은 크게 실패합니다. 앤드루 로이드 웨버의 자서전을 집필한 마이클 월시는 이 작품에 대해 '길고 지루했으며 그나마 반 정도 웃어 줄 만한 수준'이었다고 혹평했는데요. 〈지저스 크라이스트 슈퍼스타〉로 이름을 알린 앤드루의 차기작이 2주 동안 상영되고 막을 내렸으니 앤드루가 받은 충격이 얼마나 컸을지 짐작할 수 있겠죠?

한편 팀 라이스는 여전히 〈에비타〉 가사 작업에 몰두하고 있었

⦁ **불바르 코미디(Boulevard Comedy)** 19세기 후반 파리가 확장되면서 쓸모없어진 성벽 자리에 산책을 위한 큰 길(boulevard)이 생겼는데요. 그 길을 따라 번성한 희극을 불바르 코미디라 합니다. 연애, 삼각관계를 소재로 하는 가벼운 소극을 의미해요.

어요. 누가 음악을 맡을지 정해지지는 않았지만 팀은 차분히 다음 작품 제작을 기다리고 있었죠. 한동안 연락이 뜸했던 앤드루가 팀을 찾아왔어요.

"팀, 지난번에 얘기했던 에바 페론 이야기 말이야. 나한테 좀 보여 줄 수 있어?"

팀은 묵묵히 그간 모아 둔 자료와 써 둔 가사를 앤드루에게 보여 줬어요.

"에바 페론은 아름답지만 탐욕스럽기도 하고, 유명인이지만 아르헨티나 국민에게는 헌신적인 어머니 같은 존재야. 이런 복합적인 인물을 작품으로 만들려면 새로운 형식이 필요해."

"고마워, 팀! 나도 좀 더 고민해 볼게."

팀의 제안을 거절한 것이 마음에 걸렸던 앤드루는 에바 페론의 이야기를 다시 물어보기가 미안했어요. 하지만 〈지브스〉로 첫 실패를 경험한 앤드루는 팀이 자신에게 얼마나 필요한 존재인지를 깨달았어요. 그리고 팀이 하고 싶어 했던 아르헨티나의 퍼스트레이디 에바 페론의 삶에도 주목하기 시작합니다.

자신의 의견을 받아 주지 않은 앤드루에게 내심 섭섭한 마음을 갖고 있던 팀 역시 그를 받아들이게 되는데요. 〈에비타〉를 준비하는 내내 그 역시 앤드루란 파트너가 그리웠거든요. 함께하기로 약속한 앤드루와 팀은 브로드웨이에서 한창 활동 중인 제작자 해럴드 프린스Harold Prince를 찾아갔어요.

"해럴드, 저희는 에바 페론의 삶을 다룬 뮤지컬을 만들려고 해요. 저희랑 같이 작품 하실래요?"

브로드웨이의 베테랑 제작자였던 해럴드는 정치와 역사적인 주제를 카바레 형식의 음악으로 푼 뮤지컬 〈카바레〉, 그리고 지금까지도 꾸준히 상영 중인 뮤지컬 〈스위니 토드〉를 제작한 사람인데요. 누구보다 열정적이고 열린 시각을 가진 연출자로 평가받는 인물이었어요.

"두 사람의 성공은 익히 들었어요. 흥행과 비평 모두를 만족시킬 만한 작품을 만들어 봅시다."

여기서 잠깐

〈카바레〉

바이마르 공화국이 망해 가던 1931년경 미국 출신 무용수가 베를린의 한 카바레에서 겪는 정치적 소용돌이를 다룬 뮤지컬이에요.

〈스위니 토드〉

배경은 빅토리아 여왕 시대. 한 젊은 이발사가 탐욕스러운 판사의 음모로 인해 누명을 쓰고 사랑하는 아내와 딸을 두고 15년간 감옥 생활을 하다가 돌아와서 벌이는 복수극인데요. 영화감독 팀 버튼이 만들고 조니 뎁이 주연을 맡은 영화로도 잘 알려진 작품입니다.

황금 콤비를 만나기 전 연이은 흥행 실패에 좌절한 해럴드는 흥행과 비평 모두 성공을 거두고 싶어 했어요. 해럴드는 〈에비타〉의 무대 디자인을 맡은 티머시 오브라이언의 친구였는데요. 티머시가 아르헨티나의 분위기를 어떻게 살릴지 고심하자 해럴드는 당장 멕시코시티로 갔어요. 그는 멕시코의 민중화가 디에고 리베라와 다비드 알파로 시케이로스의 벽화를 보고 힌트를 얻어 무대 측면에 아르헨티나의 하층 계급을 상징하는 벽화를 세우기로 했어요. 그리고 해럴드는 〈에비타〉에선 48명의 캐스트 중 오직 다섯 명만 솔로를 부를 수 있도록 설정했는데 아르헨티나 하층민들의 억압된 삶을 보여 주기 위해서였어요. 라틴아메리카 리듬과 아르헨티나의 탱고가 결합된 앤드루 로이드 웨버의 음악, 우아하지만 냉소적인 팀 라이스의 가사, 그리고 해럴드 프린스의 섬세한 연출이 만들어 낸 또 하나의 역작 〈에비타〉는 이렇게 탄생했어요.

〈에비타〉의 실제 주인공, 에바 페론

에바 페론은 1940년대 중반 아르헨티나의 대통령이었던 후안 페론의 부인인데요. 시골 빈민층의 사생아로 태어난 그녀는 열다섯 살 무렵 부에노스아이레스로 가출해 삼류 극단에 들어갑니다. 아름다운 얼굴과 빼어난 언변을 지닌 에바는 자신의 매력이 무엇인지 잘 알고 있었어요. 그리고 가진 것 없는 자신이 성공할 수 있는 유일한 방법은 미모를 이용해 성공한 남자를 만나는 것이라고 생각했죠. 에바는 꾸준히 연기 연습을 함으로써 연극배우에서 영화배우 그리고 라디오 성우로 자리 잡는 한편, 타고난 미모로 자신에게 성공을 가져다줄 남자들을 유혹했어요.

1944년경 그녀는 꿈에 그리던 행운을 거머쥐게 됩니다. 바로 당대 실력자인 '통일 장교단'의 리더 후안 페론을 만난 것이죠. 첫 번째 부인을 잃고 독신이었던 후안 페론은 에바의 아름다움과 젊음에 빠졌고 에바는 후안이 가져다줄 부와 명예를 놓칠 수 없었어요. 에바와 후안이 함께 산 지 얼마 안 돼 후안 페론에게는 큰 시련이 닥쳤는데요. 정권을 잡은 반페론주의자들이 국유 산업과 외국 자본의 축출을 외치는 페론을 가둔 것이었어요. 그런데 전화위복으로 에바 페론이 숨겨 둔 놀라운 재능이 세상에 알려지게 됩니다. 에바는 아름다운 미모는 물론 남을 설득할 줄 아는 힘을 가지고 있었어요. 팜파스에서 사생아로 태어나 끈질긴 노력 끝에 유명 연예인이 된 에바의 이야기는 민중을 움직였고, 에바는 후안 페론의 석방을 위해 노동자들의 파업을 주도했어요. 결국 에바의 눈물 어린 연설과 뒷받침 덕분에 후안 페론은 구금된 지 열흘 만에 석방됐고 1949년 둘은 결혼식을 올립니다.

여러분은 혹시 '포퓰리즘populism'이란 말을 들어 본 적 있나요? 대중에게 아부해서 인기를 얻지만 결국 대중을 속이고 자신의 정치적인 입지를 다지는 정치인들을 포퓰리즘 정치인이라고 하는데요. 포퓰리즘을 제대로 이용한 사람이 바로 에바 페론이었어요. 1946년 대통령 선거에서 에바 페론이 보여 준 확신에 가득 찬 연설과 아름다운 외모는 국민의 마음을 사로잡았고, 후안은 결국 대통령에 당선됩니다.

대통령이 된 후안 페론은 외국 자본 추방, 기간산업 국유화, 노동자 처우 개선, 여성 노동자의 임금 인상과 여성의 지위 개선 등 요즘에도 획기적인 것으로 평가되는 정책을 내놓았는데요. 하지만 후안 페론이 내놓은 정책 대부분은 나라 사정을 고려하지 않은 경우가 많았어요. 그의 정책은 겉으로 보기에는 여성과 노동자를 위

부에노스아이레스의 라 레콜레타 공동묘지에 있는 에바 페론의 묘

한 것처럼 보였지만 실질적인 혜택을 받는 사람은 없었고요. 페론 부부의 정치를 비판하는 세력은 끊임없이 탄압당하다 사라져 버리곤 했어요. 결국 정적(政敵)이 사라진 페론 정권은 부패하기 시작했고 아르헨티나의 경제는 추락하게 됩니다. 하지만 아르헨티나의 퍼스트레이디였던 에바 페론에 대한 국민의 사랑은 여전했어요. 무려 9년간이나 영부인으로 있던 그녀는 1952년 34세에 척수백혈병과 자궁암으로 투병하다 결국 사망하는데요. 에바 페론의 장례식장은 한 달 내내 사람들이 바친 꽃으로 뒤덮였다고 하니 그녀를 향한 국민의 사랑이 어느 정도였는지 짐작할 수 있겠죠. 가난한 집안에서 태어나 아르헨티나 대통령의 부인이 된 에바 페론은 사망한 지 60여 년이 지난 지금까지도 아르헨티나 국민의 사랑을 받는 인물입니다.

뜨거운 감자로 떠오른 작품

앤드루와 팀이 만들어 간 뮤지컬 〈에비타〉는 절대 에바 페론을 찬양하는 전기물이 될 수 없었어요. 작품 준비에 한창이던 어느 날 앤드루에게는 한 가지 의문이 생겼어요.

"에바 페론의 삶이 영화 같기는 하지만 〈에비타〉에서 그녀를 무조건 찬양하는 건 위험해. 사실 논란이 많은 인물이기도 하고……."

앤드루의 생각에 팀도 동의했어요. 에바 페론의 삶을 꾸준히 공부한 팀은 작품 구성에 앞서 한 가지 준비한 게 있었어요. 바로 실존 인물을 작품 속 해설자로 등장시키는 거였어요.

"앤드루, 그래서 생각한 게 작품 속에 해설자를 한 명 등장시키려고……. 체 게바라 어때?"

"쿠바 혁명가 체 게바라?"

"맞아. 에비타와 체 게바라가 살던 시대가 좀 다르긴 한데, 같은 아르헨티나 사람이기도 하고 정치 혁명가로서 에바 페론을 가장 정확하게 짚어 줄 인물 같아."

그들이 준비한 〈에비타〉는 에바 페론이란 인물보다는 그녀가 가진 권력에 대한 환상을 다룬 작품이었어요. 주인공이 죽었다는 사실을 발표하는 장면에서 시작한 〈에비타〉는 그녀의 인생을 하나씩 짚어 나가게 되는데요. 여기서 체 게바라는 이야기를 해설하기도 하고 에바 페론과 토론을 벌이기도 합니다. 체는 에비타를 우상처럼 떠받드는 사람들에게 "이건 무슨 서커스야! 이건 완전히 쇼야!"라며 비난을 퍼붓기도 하는데요. 팀 라이스의 생각처럼 20대 초반에 의사가 되기를 포기하고 피델 카스트로와 함께 쿠바 혁명을 성공으로 이끌었지만, 결국 전장에서 숨을 거둔 체 게바라가 에바 페론의 삶을 들려준다는 건 의미심장한 일이었어요. 혁명가였던 체는 에바라면 무조건 찬양하는 국민에게 그녀의 실체를 제대로 좀 보라고 비판하기에 가장 적합한 인물이었으니까요.

앤드루와 팀의 이런 생각은 음악에서 제대로 드러납니다. 뮤지컬 〈에비타〉를 대표하는 곡은 〈돈 크라이 포 미 아르헨티나Don't Cry for Me Argentina〉인데요. 영부인이 된 에바가 발코니에 앉아 아르헨티나의 국민을 높이며 부르는 노래로 유명하죠. 그런데 재미있는 사실은 극 중 에바의 장례식에서 체가 부르는 첫 노래 〈오 왓 어 서커스Oh, What A Circus〉가 바로 이 노래의 편곡 버전이라는 점이에요. 극 중에서 체 게바라는 겉으로는 민중을 높이지만 결국 그들을 기만한 사실에 근거해 에바의 노래는 결국 멋진 쇼일 뿐임을 비꼬고 있습니다.

앤드루와 팀은 〈지저스 크라이스트 슈퍼스타〉처럼 미리 음반을 발매한 후 본격적인 곡 작업에 들어갔어요. 스튜디오에서 제작된 앨범에선 줄리 코빙턴이 에바 페론 역을, 훗날 〈레 미제라블〉로 세계적인 배우가 된 컬 윌킨슨이 체 게바라 역을 맡았습니다. 1976년 공연 전에 발매한 〈에비타〉 더블 음반은 플래티넘 히트(100만 장 이상 판매)를 기록했고 대중에게 뮤지컬 〈에비타〉를 기대하도록 만들었어요. 음반 가게와 라디오 방송에선 연이어 〈에비타〉의 유려한 곡들이 흘러나왔고, 이는 곧 런던과 브로드웨이에서 사전 티켓 판매 기록으로 이어집니다. 1978년 6월 21일 런던의 프린스 에드워드 극장에서 초연한 뮤지컬 〈에비타〉는 7년간 2,900회, 1979년 9월 25일 브로드웨이 극장에서 첫 문을 연 브로드웨이판 뮤지컬 〈에비타〉는 5년 동안 총 1,567회 공연이 이루어졌다니 앤드루와 팀이 거둔 성공이 얼마나 대단한지 짐작할 수 있겠죠.

하지만 뮤지컬 〈에비타〉를 바라보는 평론가들의 시선은 싸늘했어요. 일부에선 앤드루 로이드 웨버와 팀 라이스가 부도덕한 인물을 찬양했다며 비난했고요. 이번에는 에바 페론을 찬양했으니 다음 순서는 아돌프 히틀러냐며 비꼬는 비평을 싣는 이도 있었어요. 하지만 평론가들의 비평과는 달리 관객들은 뮤지컬 〈에비타〉의 아름다운 음악과 이야기에 열광했어요. 결국 앤드루는 1978년 로런스 올리비에상 2개 부문 수상(작품상, 최고연기상), 1978년 작곡가 협회상 3개 부문 수상(최다공연음악상, 최고음악상, 해외히트음악상) 그리고 1980년 토니상 7개 부문 수상(작품상, 연출상, 작곡상, 극본상, 여우주

마돈나가 에바 페론 역을 맡아 화제가 된 영화 〈에비타〉

연상, 남우주연상, 조명상)이라는 큰 영예를 안게 됩니다.

여기서 재미있는 사실 한 가지는 〈돈 크라이 포 미 아르헨티나〉는 디스코 버전으로 편곡되어 나이트클럽을 평정할 만큼 엄청난 인기를 끌었다는 점이에요. 그리고 〈에비타〉는 1996년 앨런 파커 감독이 연출한 영화로도 제작되는데요. 에비타 역을 맡은 주인공은 바로 이 시대가 낳은 섹시 스타인 마돈나였어요. 마돈나의 캐스팅 소식에 아르헨티나 부통령이 직접 관람 반대 운동을 벌이는 등 아르헨티나 국민의 반대가 심했는데요. 에비타 역을 맡기 위해 마돈나는 앨런 파커 감독에게 장문의 편지를 보내고 아르헨티나 대통령을 직접 만나 부에노스아이레스 촬영을 허락받는 등 큰 노력을 기울였어요.

그 결과는 어땠냐고요? 영화 〈에비타〉는 큰 성공을 거두게 돼요. 마돈나의 열정도 대단했지만 사실 성녀와 마녀를 오가는 에바 페론 역할을 마돈나만큼 제대로 소화할 배우는 없었거든요.

세계 4대 뮤지컬

앤드루 로이드 웨버가 제작한 〈오페라의 유령〉,〈캣츠〉 그리고 클로드 미셸 쇤베르크와 알랭 부브릴이 만든 〈미스 사이공〉,〈레 미제라블〉을 세계 4대 뮤지컬이라고 하는데요. 더 정확하게 말하자면 이 작품들은 제작자 캐머런 매킨토시가 1980년대 제작한 메가뮤지컬Mega-Musical이자 가장 성공한 작품들이에요. 〈캣츠〉 성공 이후 캐머런 매킨토시는 큰 규모의 공연도 제작할 수 있을 만큼 많은 수익을 올리고 그것을 토대로 〈오페라의 유령〉, 〈레 미제라블〉 그리고 〈미스 사이공〉을 만들 수 있었어요. 그럼 클로드 미셸 쇤베르크와 알랭 부브릴의 명작들을 알아볼까요?

〈미스 사이공〉
〈미스 사이공〉은 이탈리아 작곡가 자코모 푸치니Giacomo Puccini의 오페라 〈나비 부인 Madama Butterfly〉을 현대극으로 재해석한 작품인데요. 〈미스 사이공〉은 종전 이후 아이를 미국인 아버지에게 보내는 베트남 여성의 사진을 모티브로 제작됐어요. 1989년 영국 런던 웨스트엔드의 드루리 레인 로열 극장에서 처음 선보인 이 작품은 1999년까지 무대에 올랐고요. 1991년부터 2001년까지 브로드

웨이에서도 선보였습니다. 웨스트엔드 초연 당시 여주인공 킴은 필리핀 출신 배우 레아 살롱가가 맡았는데요. 훗날 레아 살롱가는 디즈니 애니메이션 〈알라딘〉 수록곡 〈어 홀 뉴 월드A Whole New World〉를, 〈뮬란〉에서는 〈리플렉션Reflection〉을 부르기도 했어요. 지난 2014년에 웨스트엔드 프린스 에드워드 극장에선 25주년을 기념하는 갈라 공연이 열렸는데요. 우리나라의 배우 홍광호가 킴의 약혼자 투이 역할을 맡았습니다.

〈레 미제라블〉

뮤지컬 〈레 미제라블〉은 빅토르 위고의 소설 《레 미제라블》을 각색한 뮤지컬인데요. 1980년 프랑스 파리에서 초연한 이 공연은 3개월 만에 막을 내려야 했어요. 하지만 캐머런 매킨토시가 클로드 미셸 쇤베르크와 알랭 부브릴이 만든 콘셉트 앨범에 관심을 보이며 프로듀싱을 맡게 됩니다. 허버트 크레즈머가 영어로 가사를 번안하면서 음악과 대본을 손질하고 〈캣츠〉의 감독 트레버 넌이 연출을 맡으면서 〈레 미제라블〉은 대형 공연으로 변신했는데요. 1985년 런던의 바비칸 센터에 올라온 이 작품은 큰 성공을 거둡니다. 2년 뒤인 1987년에는 미국 브로드웨이에 진출하게 되죠. 2003년 5월 18일 폐막할 때까지 토니상 8개 부문을 휩쓸었고, 수입만 4억 1000만 달러에 이르렀어요. 웨스트엔드의 퀸즈 극장에선 지금도 〈레 미제라블〉을 볼 수 있는데요. 이 작품은 대극장 뮤지컬 공연 역사상 최장수 기록을 세우고 있습니다.

공연 명예의 전당
영국 올리비에상 vs. 미국 토니상

〈캣츠〉와 〈오페라의 유령〉 그리고 〈레 미제라블〉과 〈미스 사이공〉의 공통점이 있다면? 캐머런 매킨토시가 제작한 작품이자 바로 토니상 또는 올리비에상에서 최우수 뮤지컬상을 받은 걸작이라는 점입니다. 공연계의 아카데미상이라 불리는 '올리비에상'과 '토니상'에 대해 자세히 알아볼까요?

올리비에상

1976년 웨스트엔드 극장 연합회는 20세기 대표적인 연극배우이자 연극 연출가였던 로런스 올리비에의 업적을 기리는 의미에서 로런스 올리비에상을 만들었어요. 매월 2~3월 사이에 후보가 결정되는 로런스 올리비에상에 참여하기 위해선 먼저 런던연극협회에 등록한 극장에서 최소 30회 이상 공연을 해야 한답니다. 연극협회는 엄격한 절차를 거쳐 후보작을 사전 심사합니다. 여기서 선별된 작품들은 연극, 오페라, 무용, 협력제휴 등 총 4개의 개별 패널이 최종 심사를 하게 되는데요. 연극 패널은 공연 지식과 전문 경험을 갖춘 5명의 심사 위원과 관객 심사 위원 8명으로 나뉘며 관객 패널 중 4명은 연극을, 나머지 4명은 뮤지컬을 심사하게 됩니다. 오페라, 무용, 그리고 협력 패널은 각각 3명의 전문가와 2명의 관객이 심사를 맡게 됩니다. 모든 수상작은 비밀투표로 결정되며 시상식 당일 발표가 되기 전까지는 개표 협회장만이 결과를 알 수 있어요.

토니상

'로런스 올리비에상'이 문학 작품을 토대로 한 진중한 작품에 힘을 실어 준다면 미국의 '토니상'은 화려한 쇼를 보여 주는 시상식이에요. 토니상은 1947년 브로드웨이의 유명 배우였던 앙투아네트 페리를 기념하기 위해 만들어졌는데요. 토니상은 매년 5월에 후보작을 발표하고 6월 초중순에 시상식이 열립니다. 토니상에 출품하려면 그해 시상협회에서 발표한 시즌 안에 상연한 공연이어야 해요. 심사 기준은 로런스 올리비에상과는 좀 다른데요. 먼저 토니상 관리위원회가 출품작이 후보작으로 적합한지 사전 심사를 하고요. 그 후 관리위원회가 선발한 전문가 30명이 본격적으로 후보작을 정합니다. 마지막으로 문화 비평가, 배우협회, 연출가협회 등 연극계 관계자 750여 명이 작품 심사와 최종 투표를 담당하게 됩니다. 토니상 수상작 결정은 6월 시상식이 열리긴 전 주에 비밀투표로 이뤄지며 철저한 보안을 거쳐 시상식 당일에 발표된답니다.

최고의 파트너를 만나다

원하는 쇼에
최선을 다해 봐!

지혜로운 고양이,
앤드루를 만나다

T. S. 엘리엇의 시는 놀라울 정도로 경이로운 시였어요.
그것은 진정 우리에 대한 시였고
고양이들의 삶은 인간과 닮아 있었어요.

앤드루 로이드 웨버

누구에게나 기억에 남는 어린 시절의 추억이 있죠? 앤드루 로이드 웨버에
게는 동생 줄리언과 함께 잠자리에 들 무렵 어머니가 항상 읽어 주던 T. S.
엘리엇의 시와 고전 소설들이 평생 간직할 추억이 됐답니다. 특히 T. S. 엘
리엇의 시 〈지혜로운 고양이가 되기 위한 지침서〉는 앤드루의 인생을 크
게 바꿔 놓았는데요. 누구나 한 번쯤은 보고 싶어 한다는 뮤지컬 〈캣츠〉는
이렇게 시작됐어요.

한 편의 시가 훌륭한 노랫말로

여러분은 어린 시절의 기억이 정말 중요하다는 말을 들어 봤나요? 생애 처음 맛본 아이스크림, 부모님이 읽어 준 동화책, 시간 가는 줄 모르고 몰두하던 게임기와 잠들 때면 꼭 안고 자던 인형 등등 어린 시절 기억나는 추억거리가 있다면 여러분은 행복한 사람이에요. 일부 교육학자들은 세 살 무렵의 행복한 기억이 아이의 인생을 결정한다고도 하는데요. 그 대표적인 사례가 앤드루의 경우입니다.

소년 앤드루의 행복한 기억 속에는 항상 고양이가 있었어요. 고양이는 세련되고 멋있다, 즉 '시크하다chic'라는 단어가 왠지 잘 어울리는 동물이죠. 어린 앤드루를 사로잡은 고양이의 매력도 바로 그거였어요. 특히 어머니가 읽어 주던 T. S. 엘리엇의 〈지혜로운 고양이가 되기 위한 지침서〉는 앤드루의 인생을 또 한 번 바꿔 놓았죠. 뮤지컬 〈에비타〉를 한창 준비하던 1977년 무렵 앤드루는 〈지혜로운 고양이가 되기 위한 지침서〉 시구에 맞춰 음악을 만들었어요. 어릴 적 추억이 담긴 이 작품을 가지고 앤드루는 새로운 시도를 해 보고 싶었어요.

"가사가 이미 완성된 스토리에 음악을 입혀 보는 건 어떨까?"

"앤드루, 가사가 이미 완성된 스토리가 어디 있어? 있다 해도 그

원하는 쇼에 최선을 다해 봐!

걸 뮤지컬 음악으로 만드는 건 더 어려워!"

동료들은 앤드루의 말이 너무 엉뚱하다고 생각했어요. 그들이 그렇게 생각할 수밖에 없던 이유는 바로 당시 뮤지컬 제작 시스템과도 연관이 있었어요. 뮤지컬을 제작하기 위해선 우선 작사가가 잡아 놓은 전체 스토리에 맞춰 작곡가는 곡을 만들고, 작곡가의 음악이 완성되면 작사가는 작품 의도에 맞는 가사를 썼거든요.

"물론 어려울 수도 있지. 하지만 반대로 해 보면 어떨지 궁금해. 당장 시만 해도 훌륭한 노랫말이 될 수 있고."

호기심과 무모함은 앤드루의 장점이자 단점이었죠. 누구도 하지 않은 일에 호기심을 갖고 무모할 정도로 과감하게 시도한 덕분에 앤드루는 큰 성공을 거뒀지만, 반대로 실패를 한 적도 많았고 언론의 혹평에 시달리기도 했어요. 다행히 앤드루가 준비하던 〈지혜로운 고양이가 되기 위한 지침서〉는 운율 자체가 곡을 붙이기에 좋았어요. 앤드루는 가끔 친구들 앞에서 그간 작곡한 곡들을 피아노로 연주했지만 뮤지컬 〈캣츠〉의 제작은 아직 먼 얘기였어요. 그러던 1980년 앤드루가 작곡해 둔 〈텔 미 온 어 선데이Tell Me on a Sunday〉가 BBC에서 방영됐어요. 곡에 대한 반응이 좋자 앤드루는 텔레비전 방송을 위한 콘서트 선집 〈지혜로운 고양이가 되기 위한 지침서〉를 준비했는데요. 그해 여름 뮤지컬 〈캣츠〉의 서막을 알리는 만남이 성사됐어요.

앤드루, 이 무대의 주인공은 너야

시드몬턴 페스티벌

1975년 시작된 시드몬턴 페스티벌은 매년 여름 앤드루 로이드 웨버의 저택에서
열리는 축제로 방송, 영화, 공연계 관객들을 초청하여 가능성 있는 작품을 소개하
는 자리예요.

시드몬턴 페스티벌에 참여한 앤드루는 그동안 준비해 둔 곡을
연주했는데요. 바로 그 자리에 T. S. 엘리엇의 부인인 발레리 엘
리엇이 있었어요. 발레리는 젊은 음악가가 오마주*한 남편의 작품
을 듣고 큰 감동을 받았어요. 페스티벌이 끝난 뒤 그녀는 앤드루
를 만나고 싶어 했어요. 자신이 연주한 〈지혜로운 고양이가 되기
위한 지침서〉를 T. S. 엘리엇의 부인이 직접 들은 것도 놀라운데
만나자는 제안까지 받게 되다니! 아무리 강단 있는 앤드루도 긴장
할 수밖에 없었어요. 이미 뮤지컬 업계를 이끌 차세대 주자로 평
가받은 앤드루였지만 발레리 여사 앞에선 그저 엄마가 들려주는
고양이 이야기에 홀딱 빠진 소년이 된 기분이었거든요. 앤드루는
행여나 자신이 해석한 이야기가 부인의 마음을 상하게 한 건 아닐
까 염려됐어요.

● **오마주(hommage)** 어떤 작품의 장면이나 대사를 그 원작자에 대한 존경의 표시로 인용한 것

"발레리 여사님! 이렇게 만나 뵙게 되어 반갑습니다. 음악은 마음에 들으셨는지 모르겠어요. 혹시 제 음악이 T. S. 엘리엇 작가님 작품에 누가 된 건 아닌지……."

앤드루의 걱정과는 달리 발레리 여사는 환한 웃음을 지어 보였어요.

"아마도 토머스가 직접 들었다면 정말 좋아했을 거예요. 〈지혜로운 고양이가 되기 위한 지침서〉는 생전에 토머스가 아끼던 작품이에요. 앤드루 같은 젊은 예술가가 토머스의 작품을 좋아해 줘서 기뻐요."

앤드루를 만난 발레리 엘리엇은 큰 선물을 건넸어요.

"앤드루, 사실은 토머스가 아직 발표하지 않은 시가 있어요. 〈지혜로운 고양이가 되기 위한 지침서〉의 일부인데, 앤드루가 필요하다면 보여 줄게요."

발레리 엘리엇이 앤드루에게 보여 준 시는 〈그리자벨라, 매혹적인 고양이〉를 포함해 세 편이나 됐어요. 뮤지컬 〈캣츠〉를 본 사람이라면 그리자벨라의 역할이 얼마나 큰지 알 거예요. 가장 극적이고 음악과 잘 어울리는 캐릭터죠. 훗날 앤드루는 발레리 엘리엇과의 만남을 회상하며 이렇게 얘기했어요.

"그날의 만남 이후 뮤지컬 〈캣츠〉의 방향은 완전히 달라졌어요."

그 이후 발레리 엘리엇은 오늘날 〈캣츠〉를 만든 세 편의 시를 비

T. S. 엘리엇의
〈지혜로운 고양이가 되기 위한 지침서〉

주니어시공사에서 출간된 번역본(2012)

고양이 이름 붙이기

고양이 이름 붙이기는 어려운 일
심심풀이로 할 일이 아니지.
언뜻 듣기엔 헛소리 같겠지만,
고양이는 이름이 세 개는 있어야 해.
먼저 평소에 부를 이름이 있어야지.
피터, 오거스터스, 알론조, 제임스,
빅터나 조너선, 조지나 빌 베일리.
모두 다 평소 부르기 좋은 이름들.

〈지혜로운 고양이가 되기 위한 지침서〉 중에서...

롯해 지금까지 발표되지 않은 T. S. 엘리엇의 시를 출판하게 됐
어요. 그리고 가장 중요한 사실 한 가지는 바로 엘리엇의 미발표
시를 통해 앤드루가 '모든 고양이는 언젠가는 헤비사이드 레이어
Heaviside Layer로 올라가게 된다'는 극 전체의 주제를 만들게 된 거였
어요. 극 중 헤비사이드 레이어는 '고양이의 천국'을 의미하는 것
으로 젤리클의 무도회는 재주 많은 고양이 중 헤비사이드 레이어
에 입성할 이를 선발하는 경연 대회가 됩니다.

팀 라이스와의
결별

특별한 이유는 없었다. 당시에는 그저 추구하는 작품 세계가 달랐을 뿐이다.
우리 사이에 특별히 문제가 있거나 한 건 아니었다.

앤드루 로이드 웨버

'호사다마(好事多魔)'란 말이 있죠. 좋은 일에는 흔히 나쁜 일도 많이 따른다
는 뜻인데요. 앤드루와 팀은 뮤지컬 〈에비타〉의 성공으로 부와 명성을 얻
게 되지만, 다른 점이 많았던 두 사람은 결국 결별하게 됐어요. '앤드루 로
이드 웨버와 팀 라이스'란 황금 콤비는 때로는 좋았다가 때로는 가장 격렬
한 라이벌이 되기도 했는데요. 분명한 사실은 함께한 작품이 세상에서 잊
히지 않는 이상 앤드루와 팀의 관계 역시 끝나지 않을 거라는 거예요.

원하는 쇼에 최선을 다해 봐!

각자의 길을 가다

　뮤지컬 〈캣츠〉의 서막이 시작되기 전 앤드루와 팀이 이끈 뮤지컬 〈에비타〉는 큰 성공을 거뒀어요. 두 천재는 엄청난 성공과 부를 거머쥐게 됐지만 둘은 오랫동안 함께 일하기에는 다른 점이 너무 많았어요. 가장 근본적인 차이는 작품을 바라보는 관점이었죠. 흥행성이 더 중요했던 앤드루에 비해 팀은 흥행보다는 작품마다 관객들의 마음을 울릴 수 있는 메시지를 담고 싶어 했어요. '예술성'과 '흥행성'이란 단어는 예술을 하는 사람이라면 누구나 고민하게 되는 말이죠. 연이은 성공으로 큰 수익을 올린 앤드루와 팀도 마찬가지였어요.

　"앤드루! 뮤지컬은 종합 예술이야. 스토리가 좋지 않으면 아무리 좋은 음악을 써도 관객들은 외면할 거야."

　"팀, 브로드웨이 뮤지컬들을 봐. 시시콜콜한 얘기에 비슷비슷한 음악들이잖아. 우리는 좀 달라야 한다고."

　두 사람은 최고의 콤비임이 분명했지만 추구하는 세계는 달랐어요. 뮤지컬 〈에비타〉가 놀라운 성공을 거둔 1979년 무렵, 팀은 냉전 시대를 소재로 냉전 국가 간의 권력 투쟁을 게임으로 풀어낸 이야기를 구상했어요.

　"앤드루, 우리 이번에는 냉전 시대를 다뤄 보는 게 어때? 러시아

'냉전'이라는 단어가 생소하죠? 냉전은 제2차 세계대전 이후 미국의 자본주의 진영과 소련의 사회주의 진영이 정치·외교·이념 때문에 갈등한 시기를 말하는데요. 1970년대 후반에도 무기를 사용한 전쟁은 아니지만 군사적 위협과 각국 지도자들 간 권력 투쟁은 계속 이어지고 있었어요.

랑 미국 사람이 체스 게임을 하는 거야. 그 과정에서 암투가 벌어지는 거지.”

하지만 앤드루는 냉전도 체스 게임에도 큰 관심이 없었어요. 이미 그는 오래전 공항에서 읽은 T. S. 엘리엇의 시 〈지혜로운 고양이가 되기 위한 지침서〉를 뮤지컬로 만들기로 결심했거든요.

“팀, 나는 〈지혜로운 고양이가 되기 위한 지침서〉를 다음 작품으로 만들고 싶어.”

어릴 때부터 고양이를 좋아했던 앤드루는 평소 고양이의 독특한 행동이나 몸짓을 잘 알고 있었어요. 고양이의 행동을 묘사한 퍼포먼스와 음악을 잘 버무린다면 큰 성공을 거둘 거라 믿었어요. 하지만 팀은 자신의 구상을 포기할 수 없었어요.

“앤드루! 다음 작품은 내가 해 보고 싶은 걸 해 보려고. 지금 우리는 냉전 시대에 살고 있잖아. 러시아든 미국이든 서로가 옳다고 으르렁거리고 있지만 사실 미래가 어떨지는 모르잖아. 〈체스〉는 분명 많은 관객의 공감을 얻을 거야."

"팀, 그럼 우리 이번에는 다른 사람들이랑 작업해 보자. 서로 하고 싶은 일을 하다가 다시 뭉치면 되지."

결국 앤드루와 팀은 다른 파트너를 찾기로 했어요.

그때까지만 해도 둘의 관계는 그리 나쁘지 않았어요. 앤드루는 〈캣츠〉를 제작하기 위해 웨스트엔드 극장에서 활동하던 제작자 캐머런 매킨토시와 셰익스피어 컴퍼니의 예술 감독 트레버 넌을 만나 '리얼리 유스풀 그룹Really Useful Group'을 설립했어요. 팀은 팀대로 팝 그룹 아바의 멤버인 베뉘 안데르손과 비에른 울바에우스와 함께 뮤지컬 〈체스〉 작업에 들어갔답니다. 하지만 뮤지컬 〈캣츠〉의 명곡 〈메모리Memory〉는 위태위태하던 둘 사이를 갈라놓는 결정적인 계기가 됐어요. 뮤지컬 〈캣츠〉 리허설을 앞두고 연출자인 트레버 넌은 앤드루에게 제안을 했어요.

"앤드루, 그리자벨라가 부르는 곡이 영 마음에 들지 않아요. 뭔가 클라이맥스가 부족하다고 할까? 엘리엇 시가 아니더라도 좋으니 다른 곡을 한번 써 보면 어때요?"

앤드루 역시 같은 생각이었어요. 계획에는 없던 일이었지만 리허설을 할수록 그리자벨라의 엔딩곡이 아쉬웠거든요. 남들은 98%의 완성도를 보라고 얘기할지 모르지만 앤드루에게 2%의 부족함은 작품 전체의 허술함을 의미했어요. 앤드루는 그날 밤 단숨에 〈메모리〉를 써 내려 갔어요.

다음 날, 공연 스태프를 모아 놓고 앤드루가 〈메모리〉를 연주하자 트레버 넌이 상기된 목소리로 말했어요.

"앤드루, 오늘이 며칠이고 지금이 몇 시인지 꼭 기억해요. 여기 있는 사람들은 지금 세계가 놀랄 만한 명곡을 들었으니까요."

곡은 완성이 됐으니 이제 문제는 노랫말이었어요. 앤드루는 뮤지컬 〈체스〉 작업에 몰입하고 있는 팀에게 노랫말을 붙여 달라고 부탁했어요.

"팀, 그리자벨라가 부르는 솔로곡이 필요해. 가사 좀 써 줄 수 있어?"

"〈체스〉 작업 때문에 정신없긴 한데, 꼭 필요한 곡이야? 그럼 한 번 해 볼게."

팀은 자신이 하던 일을 미루고 앤드루의 부탁을 들어줬어요. 그런데 이때 앤드루가 한 가지 실수를 하게 돼요. 트레버 넌에게도 같은 부탁을 한 거예요. 트레버 넌은 엘리엇의 시 〈바람 부는 밤의 광상시〉를 개사해 가사를 썼어요. 뮤지컬 〈캣츠〉의 성공이 더 중요했던 앤드루는 트레버 넌의 가사를 택했어요. 이런 과정을 거쳐 탄생한 〈메모리〉는 그에게 엄청난 로열티를 안겨 준 곡이 되었어요. 하지만 앤드루의 행동에 팀 라이스는 큰 상처를 받았어요.

"앤드루가 어떻게 나한테 이럴 수가 있지? 어차피 〈캣츠〉는 내가 하려던 작품도 아니었다고!"

앤드루에게 실망한 팀은 뮤지컬 〈체스〉에 몰두했고, 당시 웨스트엔드에서 순항 중이던 뮤지컬 〈에비타〉를 억지로 내리면서까지 뮤지컬 〈체스〉를 상연했어요.

"팀이 어쩜 그럴 수가 있지? 〈에비타〉는 우리가 같이 만든 작품인데! 아무리 〈체스〉 작품이 중요해도 그렇지, 어떻게 〈에비타〉를 억지로 내리고 〈체스〉를 상연할 수가 있어!"

〈메모리〉 가사 사건 이후 팀과 소원해졌던 앤드루는 갑작스레 상연을 멈춘 〈에비타〉 소식을 들었고, 그 원인이 바로 팀 때문인 걸 알았어요. 뮤지컬 〈캣츠〉의 성공만을 염두에 둔 나머지 자신의 콤비를 외면한 셈이 되었지만 앤드루의 마음 한편에는 항상 미안한 마음이 있었어요. 하지만 뮤지컬 〈에비타〉는 자신들이 함께한 뮤지컬이었고 팀이 정말 소중히 여긴 작품이었어요. 그걸 억지로 내리면서까지 강행한 팀의 새 뮤지컬 〈체스〉를 앤드루는 좋게 볼 수가 없었어요. 영원할 것 같던 둘의 관계는 어느덧 라이벌 아닌 라이벌이 되어 버렸답니다. 그렇게 무리수를 두면서까지 강행한 뮤지컬 〈체스〉의 결과가 궁금하다고요?

불행히도 결과는 큰 실패로 남았어요. 팀이 쓴 뮤지컬 〈체스〉에서는 러시아인과 미국인이 대결을 벌였고, 결국 악인은 미국인인 걸로 밝혀지는데요. 요즘 같은 시대라면 그럴 법한 얘기지만 뮤지컬 〈체스〉가 처음으로 상연된 1980년대는 엄혹한 냉전 시대였어요. 그런데 미국인이 악역이라는 설정은 '자유민주주의가 공산주의보다 나쁜 것이다'로 받아들여졌고 작품을 본 대중은 심한 거부감을 느꼈어요.

더군다나 무리하게 뮤지컬 〈에비타〉까지 내리면서 팀이 투자한 돈은 어마어마했어요. 결국 팀은 앤드루와의 대결에서 지고 수백만 불이 넘는 적자를 감당해야 했답니다. 몇 년 동안 뮤지컬계를 떠나야 할 정도로 말이지요. 그 이후 앤드루와 팀의 관계가 어땠냐고요?

비슷한 점도 많지만 다른 점이 더 많았던 두 사람의 관계는 마치 승부가 나지 않는 핑퐁 게임 같았어요. 공을 주고받듯 굳건한 파트너십을 보이다가도 결국은 틀어지는 일이 많았거든요.

1986년 앤드루와 팀은 에드워드 왕자의 생일을 기념해 〈크리켓Cricket〉이란 제목의 열한 곡을 만들었어요. 팀과 앤드루의 재결합설이 돌았지만 결국 〈크리켓〉은 상연되지 못했고 앤드루는 1989년 작품인 〈사랑의 이모저모〉에서 〈크리켓〉 멜로디를 사용했어요. 환상의 콤비였던 두 사람의 관계는 이렇게 40여 년이 지난 뒤에도 좋았다 나빴다를 반복하다 결국 지난 2012년 종지부를 찍었어요. 바로 TV 오디션 때문이었죠.

"〈지저스 크라이스트 슈퍼스타〉의 주인공은 이제부터 TV 오디션으로 뽑겠어."

　〈아메리칸 아이돌〉을 비롯해 전 세계적으로 부는 오디션 열풍을 뮤지컬에 적용해 보자는 게 앤드루의 생각이었지만 팀의 생각은 달랐어요. '앤드루 로이드 웨버의 생각은 천박하고 조잡하며 터무니없이 상업적인 발상'이라며 팀은 앤드루를 원색적으로 비난했어요. 팀은 영국 일간지 〈텔레그래프〉와의 인터뷰에서 '로이드 웨버와 더 이상 작업하는 일은 없을 것'이라고 밝히며 공식 결별 선언을 하게 됩니다. 그렇지만 사실 결론은 아직 아무도 알 수 없어요. 어느덧 일흔 줄에 들어선 앤드루 로이드 웨버도 팀 라이스도 여전히 활동 중이고 서로를 넘어서는 최고의 콤비는 지금껏 없었으니까요.

그 이후 팀 라이스는?

뮤지컬 〈체스〉의 실패 이후, 팀 라이스는 한동안 뮤지컬 업계를 떠날 정도로 큰 충격을 받았어요. 〈기네스북 오브 브리티시 히트 싱글스Guinness Book of British Hit Singles〉를 만든 그는 1996년까지 편집자로 활동했고요. 2002년에는 매리레본 크리켓 클럽 회장직을 맡거나 방송 게임 쇼인 〈저스트 어 미닛Just a Minute〉, 〈트리비아 테스트 매치Trivia Test Match〉 고정 패널로 참여하는 등 다양한 활동을 했는데요. 그중 팀 라이스 인생에서 빼놓을 수 없는 일이 또 한 번 일어납니다. 바로 월트 디즈니 컴퍼니와의 만남이에요.

팀은 1994년 동화를 바탕으로 월트 디즈니 최초의 극장 뮤지컬 〈미녀와 야수〉에 참여하게 됐는데요. 그 이후 〈알라딘〉과 〈라이온 킹〉이 큰 성공을 거두면서 팀 라이스는 '가족 뮤지컬의 작사가'가 됩니다. 〈라이온 킹〉 작업을 계기로 팀 라이스는 엘튼 존과 함께 새로운 뮤지컬에 도전하게 되는데요. 이미 한국에서도 여러 번 상영된 바 있는 1999년작 〈아이다〉였습니다.

이집트와 이웃 나라 누비아의 전쟁이

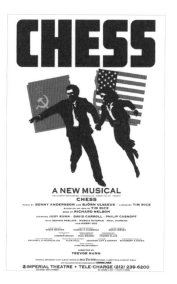

원하는 쇼에 최선을 다해 봐!

치열하던 시기 누비아의 공주 아이다와 이집트 파라오의 딸 암네리스 공주 그리고 둘의 사랑을 받는 라다메스의 이야기를 다룬 이 작품은 주세페 베르디의 오페라 〈아이다〉를 어반 R&B와 브루스, 레게, 록 등 다양한 장르로 재해석한 뮤지컬이었어요.

뮤지컬 〈아이다〉 포스터

영국 왕실은 1994년 팀 라이스에게 기사 작위를 수여했어요. 라이스는 1999년 작사가 명예의 전당에 올랐고 2000년 브로드웨이에서 4개 작품이 동시에 극장에 오르는 대기록을 세웠습니다. 최근 몇 년 전부터 팀 라이스의 아픈 손가락이었던 뮤지컬 〈체스〉를 재평가하려는 움직임이 있는데요. 지난 2015년에 한국에서 초연되기도 했습니다. 한편 팀은 지난 1998년 어린 시절부터 청년기를 담은 자서전 《오 왓 어 서커스Oh, What a Circus》를 출간했고요. 지금은 후속편을 집필 중이라고 하네요.

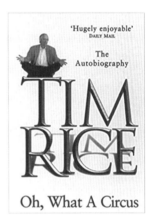

팀 라이스의 자서전

최고의 제작진과
함께한 뮤지컬,
〈캣츠〉

달빛, 달빛을 봐요
추억이 당신을 이끌어요
마음을 열고 들어가세요
행복의 의미를 찾게 된다면
그때는 새 삶이 시작될 거예요

뮤지컬 〈캣츠〉, 〈메모리Memory〉 중에서

T. S. 엘리엇의 우화집 〈지혜로운 고양이가 되기 위한 지침서〉에서 시작된 뮤지컬 〈캣츠〉는 준비 단계부터 여러 가지 난항에 부딪혔어요. 젊은 천재 작곡가 앤드루 로이드 웨버의 작품이었음에도 투자는 계속 늦어졌고 공연 직전에 주연 배우가 부상을 당하는 등 엎친 데 덮친 격으로 상황이 좋지 않았죠. 하지만 여러 난항 속에서도 앤드루가 힘을 낼 수 있었던 건 바로 뮤지컬 〈캣츠〉를 위해 모인 최고의 제작진 때문이었어요. 그중 캐머런 매킨토시는 뮤지컬 신화를 함께 만든 평생의 동지였죠.

캐머런 매킨토시, 앙숙에서 동반자로

1980년대 말 〈뉴스위크〉의 비평가였던 잭 크롤은 '영국의 뮤지컬은 세계를 지향한다'는 말을 남겼어요. 그만큼 1980년대 런던 뮤지컬이 브로드웨이를 공습할 수 있던 데는 앤드루의 공이 컸는데요. 당시 앤드루는 런던 웨스트엔드와 뉴욕 브로드웨이에서 동시에 작품을 선보였어요. 그것도 각각 세 편 이상이었다고 하니 정말 놀랍죠? 뮤지컬 〈캣츠〉로 시작된 런던 뮤지컬 열풍 현상에는 앤드루와 뮤지컬 〈미스 사이공〉을 제작한 클로드 미셸 쇤베르크 같은 천재적인 작곡가들이 있었지만, 이들의 작품을 모두 제작한 캐머런 매킨토시의 힘이 컸습니다.

캐머런 매킨토시는 당시 〈올리버〉, 〈마이 페어 레이디〉, 〈오클라호마〉를 제작한 젊은 제작자였는데요. 두 사람이 만나게 된 건 앤드루와 뮤지컬 〈에비타〉의 연출자 해럴드 프린스의 의견 차이 때문이었어요. 앤드루가 엘리엇의 우화집을 뮤지컬로 구상할 무렵 뮤지컬 〈에비타〉의 연출자 해럴드 역시 앤드루의 계획에 동참하고 싶어 했어요.

"앤드루, 엘리엇의 시로 뮤지컬을 만든다며? 나도 관심이 가는걸."

"그래요? 해럴드! 우리 다시 한 번 같이 해 볼까요?"

"빅토리아 시대의 다양한 계급을 상징하는 엘리엇의 고양이라……. 고양이의 삶으로 본 계급 간의 갈등과 눈물 어린 화해! 왠지 잘될 것 같아."

하지만 앤드루는 이 작품을 사회성 가득한 문제작으로 만들고 싶지는 않았어요. 더군다나 전작 〈에비타〉에서 아르헨티나의 퍼스트레이디를 다뤘던 터라 정치나 사회와 관련된 이야기는 좀 피하고 싶었거든요. 혹독한 비평에 이미 익숙해진 앤드루였지만 이번 작품만큼은 본인이 구상한 대로 고양이들의 화려하고 아름다운 쇼에 치중하고 싶었어요.

"할, 그들은 그저 고양이일 뿐이에요. 계급 투쟁이니 화해니 그런 건 우리 작품 말고도 할 사람이 많아요."

"어떻게 엘리엇의 시 속 고양이가 고양이일 뿐이야? 앤드루! 시 속에 담긴 상징적인 의미를 해석해 보라고!"

해럴드를 설득하는 데 실패한 앤드루는 결국 캐머런과 일하게 됩니다.

뮤지컬 〈캣츠〉를 준비하기 전인 1978년 웨스트엔드 극장 시상식장에서 둘은 처음 만났어요. 당시 앤드루는 뮤지컬 〈에비타〉로 성공을 거뒀고 캐머런 역시 웨스트엔드를 이끌 차세대 제작자로 인정받은 터였어요. 캐머런은 나이는 자신보다 어리지만 영국은 물론 브로드웨이에서도 큰 성공을 거둔 앤드루가 부러웠고 친해

원하는 쇼에 최선을 다해 봐!

지고 싶었어요. 하지만 정신없는 시상식장 분위기가 힘들었던 앤드루는 그를 볼 여력이 없었어요. 더군다나 무심코 뱉은 말은 오해의 소지가 있었어요. 앤드루에 대한 캐머런의 호감은 분노로 이어졌어요. 나이도 어린 게 좀 뜨더니 건방져졌다고 생각한 거예요. 화가 난 캐머런은 앤드루의 매니저를 만났어요.

"앤드루 로이드 웨버는 왜 저렇게 거만한 거죠? 진짜 얼굴을 한 대 치고 싶을 정도예요."

영문을 모른 매니저는 앤드루에게 그 말을 전했어요. 하지만 앤드루는 신경 쓰지 않았어요. 자신은 결코 캐머런을 무시한 적이 없었거든요. 앤드루는 매니저에게 얘기했어요.

"난 캐머런을 모욕한 적이 없어요. 그냥 함께 일할 기회가 생기면 좋겠는걸요. 캐머런이 날 한 대 치고 싶다고 해서 같이 맞설 문제는 아닌 것 같아요."

앤드루의 음악을 대표하는 '절충주의' 정신은 사실 그의 성격과도 비슷했어요. 그는 사사로운 감정 다툼에 휘말려서 큰일을 그르치지 않았고 자신의 작품을 위해 항상 앞만 보고 달리는 사람이었어요. 만약 그가 감정에 휘둘려 캐머런과 다툼을 벌였다면 앤드루와 캐머런이 함께 만든 작품들은 결코 빛을 보지 못했을 거예요.

결국 몇 달 뒤, 앤드루는 캐머런에게 뮤지컬 〈캣츠〉의 제작자가 되어 달라는 편지를 보냈어요. 앤드루의 요청에 당황한 건 캐머런이었어요.

"분명히 내가 한 얘기를 앤드루도 들었을 텐데, 어떻게 나한테 이런 요청을 할 수 있지?"

앤드루의 편지와 함께 본 뮤지컬 〈캣츠〉의 내용은 그야말로 매력적이었어요. T. S. 엘리엇의 시구는 군더더기 하나 없이 아름다운 노랫말이었고, 앤드루의 음악과 고양이의 몸짓을 제대로 형상화한 퍼포먼스가 어우러진다면 놀라운 결과가 나올 것임을 그는 예감했어요.

"앤드루, 같이 그 일을 해 보고 싶어요."

한순간의 오해로 앙숙이 될 뻔한 두 사람은 뮤지컬 〈캣츠〉의 제작자와 작곡가로 한 배에 오르게 됐어요. 물론 그간의 오해를 푼 건 당연한 일이었고요. 작품을 위해서라면 앞만 보고 달리는 그가 캐머런에게 손을 내민 이유는 바로 그의 능력을 높이 샀기 때문이에요. 아직 대작을 흥행시키지는 못했지만 그는 큰 잠재력을 갖고 있었거든요.

캐머런의 성장 과정을 보면 앤드루와 비슷한 점을 발견할 수 있는데요. 여덟 살 무렵 친척 손에 이끌려 줄리언 슬레이드의 〈샐러드 데이즈〉란 뮤지컬을 본 그는 뮤지컬의 매력에 빠져들었어요. '센트럴 스쿨 오브 스피치 앤드 드라마Central School of Speech and Drama'에 입학한 그는 무대경영 과정을 선택했지만 학교 교육 과정이 자신과는 잘 맞지 않음을 깨닫게 돼요. 결국 그는 1년 만에 학교를 포기하고 런던 로열 극장에서 소품 정리를 하기 시작하는데요. 현장에서 직접 뛰며 뮤지컬 제작자로 성큼 다가선 캐머런은 스무 살이 되던 해 〈애니싱 고즈〉를 처음으로 제작했어요. 야심 차게 시도한 첫 작품은 실패작으로 남았지만, 그는 훗날 한국의 토크쇼인 〈백지연의 피플 인사이드〉에 출연해 이렇게 고백한 바 있습니다.

"그때의 실패로 인해 저는 생존하는 법을 배웠어요."

캐머런은 무대 청소부터 무대 감독, 컴퍼니 매니저, 그리고 조연출까지 뮤지컬 제작에 필요한 모든 과정을 다 경험한 보기 드문 제작자였어요.

아는 만큼 보인다고 하죠? 무대를 이해하고 작곡가나 작가의 마음을 헤아릴 줄 아는 제작자 덕분에 앤드루는 편안한 마음으로 작업에 몰두할 수 있었어요. 캐머런은 앤드루에게 로열 셰익스피어 극단의 연출가였던 트레버 넌을 추천했는데요. 그는 스물여덟 살

여기서 잠깐

뮤지컬 〈애니싱 고즈〉

'소년, 소녀를 만나다'를 주제로 뉴욕에서 런던으로 향하는 배에 승선한 남자와 여자의 진정한 사랑 이야기를 다룬 콜 포터의 뮤지컬이에요. 〈유 아 더 톱You're the Top〉 등 경쾌한 스타일의 명곡들이 수록되어 있습니다.

에 오랜 전통을 간직한 로열 셰익스피어 극단의 예술 감독으로 활동할 만큼 천재적인 감각을 지닌 연출가였어요. 하지만 그때까지만 해도 트레버 넌은 대형 상업 공연을 연출한 적이 없었어요. 딱히 흥행작은 없는 뮤지컬 제작자, 대형 공연 경험이 없는 연출가 그리고 환상의 콤비 팀 라이스가 빠진 앤드루의 음악까지 어떤 공연 관계자도 뮤지컬 〈캣츠〉의 성공을 자신하지 못했어요. 앤드루의 명성과는 달리 뮤지컬 〈캣츠〉의 투자율은 저조하기만 했어요. 거기에다 난관은 계속됐어요.

"앤드루, 극장은 겨우 구했어."

뮤지컬 〈캣츠〉를 상연할 극장을 알아보던 캐머런이 돌아왔어요. 하루 종일 돌아다니다 지친 그의 표정은 어두웠어요. 가뜩이나 저조한 투자율에 의기소침해진 앤드루가 물었어요.

"웨스트엔드에 〈캣츠〉를 상영할 만한 곳이 있어?"

"구하기는 했는데…… 놀라지 마. 뉴런던 극장이야."

"뭐? 뉴런던 극장?"

극장을 찾기 위해 고심한 제작자 캐머런의 노력은 알겠지만 앤드루는 실망할 수밖에 없었어요. 그곳은 지난 10년 동안 단 한 번도 흥행작을 내놓지 못한 극장이었어요. 일명 저주받은 극장이라 불리는 곳에서 내용도 생소한 고양이 쇼를 한다는 소문에 뮤지컬 〈캣츠〉의 불행을 점치는 사람들은 더욱 많아졌어요.

원하는 쇼에 최선을 다해 봐!

엎친 데 덮친 격으로 그리자벨라 역을 맡은 여배우 주디 덴치가 연습 도중 아킬레스건을 심하게 다쳤어요. 뮤지컬 〈캣츠〉의 히로인 그리자벨라 역을 맡을 배우는 우수한 연기력은 물론 춤 실력, 그리고 클래식 선율의 아리아 곡을 소화할 만한 가창력까지 갖춰야 했어요. 웬만한 실력의 여배우가 아닌 이상 쉽게 수락하기는 어려웠죠.

잇따른 악재가 실망스럽기는 했지만 앤드루는 절대 포기할 수 없었어요. 뮤지컬 〈캣츠〉는 어린 시절 어머니와의 추억이 어린 상상력의 원천이었고 그의 오랜 꿈이었거든요. 여기에 오기까지 무엇 하나 쉬운 건 없었지만 그렇다고 절대 포기할 수는 없었어요. 결국 시사회를 닷새 앞두고 뮤지컬 〈에비타〉에서 활약한 일레인 페이지가 그리자벨라 역할을 맡게 됐어요.

젤리클 고양이! 성공의 무대를 누비다

1981년 5월 11일, 뉴런던 극장.

온갖 악재와 언론의 비아냥거림까지 누구도 성공을 자신할 수 없었던 뮤지컬 〈캣츠〉의 막이 올랐어요. 우려한 대로 평단은 악평을 쏟아냈죠. 누구나 앤드루 로이드 웨버의 첫 번째 실패를 점칠 무렵 이변이 일어났어요. 지난 10년간 단 한 편의 공연도 성공하지 못한 뉴런던 극장에 관객이 모이기 시작한 거예요.

언론의 냉정한 평가와는 달리 관객들은 T. S. 엘리엇의 우화집을 판타지로 완벽하게 묘사한 뮤지컬 〈캣츠〉에 열광했어요. 뮤지컬을 올리기까지 이래저래 마음고생이 심했던 터라 앤드루는 뮤지컬 〈캣츠〉의 성공이 믿기지 않았어요. 공연 개막을 앞두고 간신히 투자금을 모은 〈캣츠〉는 이듬해 브로드웨이 무대로 옮길 때는 사전 예매만 무려 620만 달러를 기록했어요. 런던에서 큰 성공을 거둔 〈캣츠〉는 1982년 브로드웨이에 화려하게 입성합니다. 브로드웨이 큰길에 있는 윈터 가든 극장에 자리를 잡은 뒤 장장 18년간 공연해 현재 7,485회라는 브로드웨이 최장 롱런 기록을 세웠답니다. 비평가들은 물론 숱한 사람들의 우려를 딛고 〈캣츠〉가 성공할 수 있었던 이유는 무엇이었을까요?

T. S. 엘리엇의 우화집도 물론 훌륭했지만 이를 온 가족이 공감할 수 있는 판타지로 재창조한 점이 성공 요인이 아니었을까요? 〈캣츠〉의 성공 뒤에는 자기 분야에 있어선 지독할 정도로 프로페셔널했던 제작진들이 있었어요.

"트레버, 〈지혜로운 고양이가 되기 위한 지침서〉는 훌륭하지만 두 시간이 넘는 극을 이끌어가려면 뭔가 더 필요할 거 같아요."

"저도 같은 생각이에요, 앤드루! 〈캣츠〉가 좀 더 중심을 잡으려

원하는 쇼에 최선을 다해 봐!

면 우화집 전체를 꿰뚫을 수 있는 이야기가 필요해요."

"원작을 해치지 않으면서도 이야기 중심을 잡는 게 필요한데 혹시 좋은 아이디어가 있어요?"

"속담 중에 '고양이는 아홉 개의 삶을 산다'는 말이 있잖아요. 고양이들이 화려한 무도회에서 기량을 뽐내다가 새 삶을 받는 이야기라면 어떨까요?"

"오! 좋은 생각이에요. 화려한 무도회라면 고양이들마다 준비한 무대가 다를 거고 음악도 새로워야겠네요."

트레버 넌과 이야기를 나눈 앤드루는 개성 넘치는 고양이들을 다양한 음악으로 표현하고 싶었어요. 그래서 바람둥이 고양이 럼텀 터거는 롤링 스톤스의 록 음악을 소화하도록 했고, 악당 고양이 매캐비티는 뮤지컬 〈핑크 팬더〉의 음악이 연상되는 스릴 가득한 노래를 불렀어요. 그 정점에는 푸치니의 아리아를 연상시키는 늙은 고양이 그리자벨라의 〈메모리〉가 있었지요.

고양이의 세계를 무대로 재현하기 위해 앤드루를 비롯한 〈캣츠〉 제작진들은 최선을 다했어요. 연출가인 트레버 넌과 로열 셰익스피어 극단에서 일한 무대 디자이너 존 내피어는 실제 고양이의 눈으로 본 세계를 재현했는데요. 고양이의 시각에선 실제 사물보다 크게 보이는 걸 염두에 두고 무대 소품을 실제 크기보다 세 배 이상 크게 제작했고요. 안무가 질리언 린은 발레와 재즈댄스

2007년 바르샤바의 로마 뮤지컬 극장에서 상연된 〈캣츠〉

그리고 아크로바틱을 결합한 안무로 고양이의 움직임을 세밀하게 표현했어요.

아티스트들의 섬세한 노력으로 〈캣츠〉는 성공을 거뒀고 1982년 그래미 최우수 음반상을 받은 데 이어 이듬해인 1983년에는 작품상, 작사·작곡상, 극본상을 비롯해 총 7개 부문의 토니상을 휩쓸었어요. 원작을 쓴 T. S. 엘리엇은 사망한 지 오랜 시간이 지났지만 토니상 극본상을 받았답니다.

뮤지컬 〈캣츠〉의 성공은 상품 판매로 이어졌어요. 요즘 아이돌 그룹의 공연에서나 볼 법한 일을 30여 년 전 뮤지컬 공연장에서 선보였다니 좀 신기하지 않나요? 〈캣츠〉 공연장에선 제작 과정을 담은 책과 머그잔, 열쇠고리, 성냥갑 등 다양한 기념품을 팔았는데요. 공연장에선 고양이 캐릭터가 담긴 상품을 사려는 관객들이 줄을 이었어요. 뮤지컬 〈캣츠〉가 보여 준 다양한 시도는 오늘날 뮤지컬 부대사업의 시초가 되었답니다.

〈캣츠〉를 둘러싼 저작권 분쟁

요즘이야 정식 라이선스 절차를 거쳐 해외 작품을 공연하는 게 당연하지만요. 2000년 이전까지만 해도 라이선스를 얻은 후 공연하는 뮤지컬이 드물었어요. 공연 문화가 활성화된 1980년대 이후 〈캣츠〉, 〈맨 오브 라만차〉 그리고 〈지저스 크라이스트 슈퍼스타〉는 한국에서도 상연됐지만 놀랍게도 이 공연 모두 원작자의 동의 없이 열린 것이었답니다.

   대한민국에 세계 저작권법이 발효된 것은 1987년 7월 1일인데요. 이 법은 비소급 입법으로 1987년 7월 1일 이전에 제작한 작품은 원제작사의 동의 없이도 무대에 올릴 수 있었어요. 하지만 1995년 WTO 무역협정 실행은 한국 공연 문화에 큰 변화를 가져오게 됩니다. WTO에 가입한 국가는 무조건 베른협약에 가입해야 했는데요. 이 협약이 발효된 1996년 7월 1일부터는 과거에 만들어진 작품이라도 저작권료를 지급해야 했어요. 우리나라가 선진국 대열에 들어가면서 저작권법 기준도 예전보다 훨씬 까다로워진 거죠. 그런 상황에서 2000년 1월 극단 대중은 국내판 〈캣츠〉를 제작하고 지방 순회 공연까지 계획 중이었는데요. 그러자 〈캣츠〉의 저작권을 보유한 RUG(더 리얼리 유스풀 그룹)는 국내판 〈캣츠〉에 대해 저작권 위반으로 인한 공연 중지 신청을 냈어요. 서울지법에선 공연 중지 가처분 신청을 받아들였습니다. 재판부는 결정문에서 "원 저작물에 실질적인 변형을 가한 작품만이 저작권자의 허락 없이 자유롭게 공연이 가능하다"며 "국내판 〈캣츠〉는 원작의 대본이 한국어로 번역돼 있고 분장, 안무가 국내의 공연장이나 배우들의 사정에 맞춰

일부 변형된 점만 다를 뿐 원작을 그대로 본떠 제작된 것으로 보인다"고 밝혔습니다. 〈캣츠〉의 저작권 분쟁은 로열티 개념이 희박했던 당시 한국 뮤지컬 시장에서 라이선스 공연의 필요성을 제기한 사건이었어요.

낡은 소설책에서 발견한 명작, 〈오페라의 유령〉

그대만이 내 음악의 날개가 될 수 있어
날 도와줘 내 밤의 음악을 완성할 수 있게

뮤지컬 〈오페라의 유령〉,
〈더 뮤직 오브 더 나이트The Music of the Night〉 중에서

켄 힐의 오페레타 〈오페라의 유령〉에서 영감을 얻은 앤드루 로이드 웨버는
파리 오페라 극장 지하에서 벌어지는 추격전 뮤지컬 〈오페라의 유령〉을 기
획합니다. 하지만 〈지저스 크라이스트 슈퍼스타〉를 연출한 짐 샤먼에게서
로맨스에 치중하라는 조언을 듣는데요. 짐의 조언에 따라 어렵게 구한 원
작 소설을 읽은 앤드루에게 새로운 세상이 열립니다. 세계가 가장 사랑한
뮤지컬 〈오페라의 유령〉이 탄생하는 순간이었어요.

원하는 쇼에 최선을 다해 봐!

추적물에서 로맨스로

〈오페라의 유령〉이라고 하면 앤드루 로이드 웨버의 뮤지컬이 먼저 떠오르죠? 하지만 앤드루가 이 작품을 무대에 올리기 꽤 오래전부터 가스통 루르의 소설 《오페라의 유령》은 영화와 드라마로 만들어졌어요. 그중에서도 무대 연출가였던 켄 힐은 오페레타* 스타일로 가공한 〈오페라의 유령〉을 런던 이스트엔드에서 선보였는데요. 켄은 원작의 스릴 넘치는 이야기는 배제한 채 작품을 절절한 사랑이 넘치는 멜로드라마로 만들었어요. 추한 얼굴을 가면으로 가린 채 아름다운 프리마돈나와 사랑에 빠진 켄의 〈오페라의 유령〉은 상당한 인기를 얻었답니다. 영국의 잡지 〈데일리 텔레그래프〉에 실린 켄의 공연 리뷰를 읽은 앤드루는 큰 자극을 받았어요. 곧바로 제작자 캐머런에게 전화를 걸었어요.

"캐머런! 오랜만에 뮤지컬에 잘 어울릴 것 같은 소재를 찾았어! 〈데일리 텔레그래프〉 이번 호 좀 읽어 봐."

"〈데일리 텔레그래프〉? 지금 볼게. 그런데 어떤 작품을 말하는 거야?"

"켄 힐의 오페레타 〈오페라의 유령〉에 대한 리뷰 좀 읽어 봐."

● **오페레타(Operetta)** 대사와 춤, 오케스트라가 있는 오페라

"켄의 오페레타라면 잘나간다는 소문은 들었는데, 평론은 별로 안 좋던걸."

"이야기를 좀 더 보강하면 꽤 괜찮은 뮤지컬이 나올 것 같아."

오래된 유령 이야기에 관심이 생긴 앤드루와 캐머런은 먼저 영화로 만들어진 〈오페라의 유령〉을 찾아보기로 했어요. 두 사람이 본 영화는 오리지널 무성영화(1925)와 클로드 레인스가 주연한 리메이크 유성영화(1945)였어요. 하지만 생각보다 엉성한 내용에 두 사람은 실망했어요.

"오래된 영화라 그런지 구성도 엉성하고 유령은 공포스럽기만 해."

캐머런이 투덜거렸지만 앤드루의 생각은 달랐어요.

"뭔가 좀 아쉽기는 한데, 그래도 괜찮아. 작품 쓰는 데 영감을 얻었거든."

"영감을 얻었다고?"

분명 같은 작품을 봤건만 영감을 얻었다는 앤드루의 말에 캐머런은 놀랐어요.

"다른 건 모르겠고 실제로 작품 안에 오페라 장면이 들어가면 웨스트엔드에선 성공할 것 같아."

성공의 예감을 안고 앤드루는 1984년 뮤지컬 〈오페라의 유령〉의 첫 기자회견을 열었어요.

"뮤지컬 〈오페라의 유령〉에선 유명한 클래식 음악을 활용하고 꼭 필요한 부분에서만 새 곡을 쓰려고 합니다."

오랜만에 앤드루 로이드 웨버가 신작을 발표한다는 소식에 한껏 기대하고 있던 기자들은 앤드루의 선언에 어리둥절해 했어요. 어떤 뮤지컬에서도 시도되지 않은 방법이었으니까요. 하지만 앤드루의 말은 쉽게 지켜지지 않았어요. 1984년 가을까지 앤드루와 캐머런은 수많은 오페라를 듣고 좋은 레퍼토리를 골라 봤지만 뮤지컬 〈오페라의 유령〉에 어울리는 작품을 찾지 못했거든요. 기자 회견에서 호언장담했던 곡 작업이 어려워지자 앤드루는 자신도 모르게 의기소침해졌어요. 뮤지컬 〈오페라의 유령〉을 만들겠다는 앤드루의 집념은 뜻밖의 만남으로 이뤄지게 되는데요. 바로 뮤지컬 〈지저스 크라이스트 슈퍼스타〉의 런던 공연을 연출한 짐 샤먼을 만난 거예요.

1984년 11월 말, 〈캣츠〉의 도쿄 공연 1주년 기념 리셉션에 참여한 앤드루와 캐머런은 짐 샤먼을 만났어요. 두 사람은 짐에게 〈오페라의 유령〉의 연출을 부탁했죠.

"짐, 파리 오페라 극장에 지하 미로가 있는 거 알고 있죠? 〈오페라의 유령〉은 오페라의 유령이 지하 미로 속에서 추격전을 펼치는 장면을 제대로 재현할 거예요. 우리 함께 해 보지 않을래요?"

하지만 당시 주류 오페라 작업에 열중하던 짐은 그들의 제안을 정중히 거절했어요. 앤드루의 작품 활동에 결정적인 실마리를 제공한 이 말을 남기면서 말이죠.

"앤드루, 당신은 '로맨스'라는 위대한 주제를 빠뜨렸군요. 그리고 기존 클래식 곡에 집착하지 말고 새로운 음악을 작곡하는 게 어때요?"

짐의 충고를 계속 생각하던 앤드루는 문득 원작 소설을 읽어 봐야겠다고 결심했어요.

"뭐든지 근본부터 시작하는 법인데 왜 원작 소설을 읽어 볼 생각을 못했지?"

일이 풀리지 않을 때는 기본부터 다시 생각하자는 앤드루의 말에 제작자인 캐머런도 동의했어요. 하지만 두 사람이 생각하지도 못한 문제가 발생했어요. 1911년 가스통 루르가 쓴 소설 《오페라의 유령》을 구할 수가 없었어요. 소설은 절판된 지 오래였고 파리 오페라하우스에 사는 괴팍한 유령 이야기는 이미 독자들의 관심에서 멀어진 지 오래였어요.

"《오페라의 유령》은 영화로도 만들어졌고 오페레타도 성공한 작품인데 원전을 구할 수 없다는 게 말이 돼?"

복사본조차 구하기 어려운 상황인 게 답답했던 앤드루는 헌책방을 뒤지기 시작했어요. 그리고 뉴욕의 헌책방에서 출판사도 저자도 알 수 없을 만큼 망가진 소설책 한 권을 찾아냈어요. 소설책을 찾기 위해 동분서주한 건 캐머런도 마찬가지였어요. 그는 친척 집 창고에 쌓여 있던 책 뭉치 속에서 책을 찾게 돼요.

신중하게 소설을 읽은 뒤, 앤드루의 작품은 달라졌어요. 원전을 읽기 전까지 앤드루는 오페라하우스 지하 미로에서 벌어지는 유령과의 추격전을 중심 이야기로 삼으려고 했어요. 하지만 소설을 읽은 뒤 죽음을 앞둔 유령에게 반지를 건네는 크리스틴에게 매료되었죠.

"캐머런! 소설을 읽어 보니까 우리가 생각한 이야기에는 로맨스가 빠져 있어. 유령과 크리스틴의 관계는 분명 사랑이잖아. 작품에서 이걸 제대로 살려 보면 어떨까?"

"앤드루! 로맨스를 살리려면 해결해야 할 문제가 있어. 로맨스에 어울리는 음악을 다시 찾아야만 해."

캐머런의 지적에 앤드루는 지난 1년간의 세월을 떠올렸어요. 이야기의 구성이나 캐릭터에 대한 연구 없이 무작정 좋은 오페라 곡을 작품에 넣겠다는 생각이 얼마나 무모했는가를 깨닫기에 충분한 시간이었어요. 이제 선택은 한 가지뿐이었어요. 뮤지컬에 필요한 오페라 곡을 직접 만드는 것이었죠.

"캐머런! 〈오페라의 유령〉은 시간이 걸리더라도 내가 다 곡을 써야 할 것 같아."

"앤드루! 자네 심정은 알겠는데, 시간상 가능하겠어? 오페라 곡은 써 본 적이 없잖아. 게다가 기자회견에서 한 말도 있고."

"나도 알아. 잘못하면 더 큰 비난을 받을 수 있다는 것도. 하지만 이 작품을 제일 많이 연구한 음악가는 나잖아."

클래식 음악이 익숙한 앤드루였지만 오페라란 장르는 또 다른 분야였어요. 게다가 오라토리오 스타일의 편곡을 해 온 앤드루가 분위기도 생소한 오페라 곡을 쓴다는 건 모험에 가까운 일이었죠.

뮤지컬 〈오페라의 유령〉 드림팀 탄생

앤드루가 〈오페라의 유령〉 작곡에 몰두하는 사이, 어느덧 뮤지컬을 준비한 지도 1년이 지났어요. 해마다 6월이 되면 앤드루는 시드몬턴에 있는 자신의 집에서 음악 축제를 열었는데요. 1985년 6월 음악 축제에서 앤드루는 뮤지컬 〈오페라의 유령〉 1막을 선보였어요. 그날 앤드루가 선보인 무대는 홈 콘서트라고 하기엔 규모도 막대했고, 작품을 올릴 실제 무대를 선보이는 등 마치 뮤지컬 〈오페라의 유령〉을 위한 최종 리허설 현장 같았죠.

뮤지컬 〈캣츠〉 이후 큰 흥행을 거두지 못한 것에 대한 부담감, 그리고 언제든 비난할 준비가 되어 있는 평단 앞에서 누구도 시도하지 않은 오페라 소재의 뮤지컬이라니! 아무리 배짱 좋기로 유명한 앤드루도 공연을 준비하는 내내 살얼음판을 걷는 것처럼 긴장됐어요. 하지만 앤드루의 곁에는 생애 마지막 작품이란 각오로 함께 작품을 만들어 가는 최고의 제작진들이 있었어요. 우선 〈캣츠〉의 신화를 함께 쓴 제작자 캐머런이 있었고, 〈스타라이트 익스프레스〉 작품을 함께한 리처드 스틸도 합류해 가사를 썼어요. 앤드루는 리처드와 함께 원작의 로맨틱함을 살려 줄 새로운 작사가를 찾았는데요. 오랜 친구였던 앨런 제이도 참여하게 됐지만 불행히도 그는 폐암으로 세상을 떠났어요. 결국 앤드루는 신인 작사가를 찾아 나섰고 '비비안 앨리스 뮤지컬 작사가 대회'에서 스물다섯 살의 찰스 하트를 발굴했어요. 그리고 〈오페라의 유령〉을 진두지휘할 연출은 해럴드가 맡았죠. 작품 준비에 들어간 해럴드는 앤드루에게 한 가지 문제점을 지적했어요.

"앤드루! 유령은 얼굴이 일그러져 평생을 숨어 산 장애인이야. 왜 그가 비뚤어진 성격을 갖게 됐는지 설명이 필요해."

"해럴드, 원작 소설에 충실할 생각은 했지만 유령을 그런 관점으로 볼 생각은 못 했어요. 어떻게 해야 할까요?"

"우선 장애인에 대해 제대로 연구할 필요가 있어. 먼저 BBC 다큐멘터리부터 보자고."

해럴드의 제안은 장애 때문에 비뚤어진 성격을 갖게 된 유령이 크리스틴을 향한 성적 호기심을 갖는 과정을 설명하는 데 큰 도움

러시아 모스크바 MDM 극장 무대의 〈오페라의 유령〉 공연자들

이 됐어요. 그리고 에로틱하지만 못된 유령 캐릭터는 마리아 비요른슨의 무대 디자인에도 큰 영향을 줬어요.

앤드루는 뮤지컬 〈오페라의 유령〉을 준비하면서 파리의 옛 오페라를 연구했는데요. 1849년 상연된 오페라 〈예언자〉에서 아주 특별한 연출 기법이 사용됐음을 발견했어요. 〈예언자〉의 연출자인 자코모 마이어베어는 몸에 프로펠러를 단 배우들이 미리 연출된 특수 무대 위에서 롤러스케이트를 탈 수 있도록 만들었고, 진짜 화산이 폭발한 것 같은 분위기를 연출했어요. 앤드루는 〈오페라의 유령〉에서도 종전과는 다른 연출 기법이 필요하다고 여겼어요. 앤드루의 생각에 맞춰 해럴드는 파리 오페라 극장의 장엄한 분위기 속에서 엄청난 크기의 샹들리에가 떨어지고 지하 호수로 보트가 들어가는 특수 효과를 연출했어요.

〈오페라의 유령〉

뮤지컬 〈오페라의 유령〉은 오페라의 전성기였던 19세기 파리 오페라 극장 지하에 살고 있는 유령과 무명의 소프라노 크리스틴 다에, 그리고 크리스틴 다에를 사랑하는 옛 친구 라울이 펼치는 삼각관계 사랑 이야기인데요. 1911년경 파리 오페라 극장 지하를 둘러본 작가 가스통 루르는 가면으로 얼굴을 가린 유령과 무명의 소프라노 가수의 사랑 이야기를 만들었습니다. 앤드루 로이드 웨버가 만든 뮤지컬은 라울이 중심이던 원작 소설과는 달리 크리스틴 다에가 주인공인데요. 오프닝에서 천천히 올라간 샹들리에가 공연 중 관객석으로 직접 떨어지려다 아슬아슬하게 무대 커튼 앞에서 멈추는 장면은 뮤지컬 〈오페라의 유령〉의 백미로 꼽힙니다.

앤드루가 작곡한 음악은 뮤지컬 〈오페라의 유령〉의 중심이 되는데요. 1막에서 주인공 크리스틴이 부르는 〈싱크 오브 미Think of Me〉를 비롯해 유령과 크리스틴이 함께 부르는 〈더 팬텀 오브 디 오페라The Phantom of the Opera〉에선 치명적으로 두려운 존재지만 빠져들 수밖에 없는 존재 오페라의 유령 이야기가 펼쳐집니다. 유령의 독창인 〈더 뮤직 오브 더 나이트The Music of the Night〉에선 천재적인 재능을 가졌

영국 허 머제스티스 극장

지만 신체 조건 때문에 세상 앞에 나서지 못하는 예술가 유령의 고민이 드러나죠. 그리고 〈올 아이 에스크 오브 유All I Ask of You〉는 사랑에 빠진 라울과 크리스틴의 러브 테마곡입니다.

　이 작품에서 앤드루는 작품 곳곳에 오페라 장면을 넣었는데요. 작품 속에 잠깐씩 등장하는 오페라 〈한니발〉, 〈일 무토〉, 그리고 〈돈 주앙〉은 실제 작품은 아니었어요. 〈일 무토〉는 〈피가로의 결혼〉을, 〈돈 주앙〉은 〈돈 지오반니〉를 패러디한 것이었죠.

　1986년 10월 9일, 영국 허 머제스티스 극장에서 초연한 뮤지컬 〈오페라의 유령〉은 전 세계 27개국 145개 도시에서 최소 15개가 넘는 언어로 공연됐어요. 1억 3000여 명의 관객이 프리마돈나를 사랑한 유령을 보기 위해 극장을 찾았습니다. 웨스트엔드에선 이미 최다 공연 신기록을 세웠고, 뉴욕 브로드웨이에서도 뮤지컬 〈캣츠〉의 2006년 기록인 7,486회 공연 기록을 경신하면서 최장기 공연이 됐어요. 1986년 초연 이후 6조가 넘는 수익을 올린 최고의 뮤지컬 〈오페라의 유령〉은 지금도 세계 어딘가에서 상연되고 있답니다.

앤드루, 이 무대의 주인공은 너야

오페라 vs. 뮤지컬

'오페라'와 '뮤지컬'은 음악 안에 무용과 무대 장치 그리고 극본이 결합한 종합 무대예술이라는 공통점을 갖고 있어요. 더군다나 뮤지컬의 시작을 소규모 오페라 공연을 뜻하는 오페레타로 보는 만큼 오페라와 뮤지컬은 부모와 자식 같은 관계라고도 볼 수 있는데요. 오페라와 뮤지컬은 어떻게 다른지 알아보겠습니다.

오페라는 음악 위주로 진행되는 극이지만 뮤지컬은 상대적으로 드라마가 중요한 예술이에요. 거의 모든 무대를 노래로 표현하는 오페라와는 다르게 뮤지컬은 배우의 대사와 춤의 비중이 높습니다. 그런 이유로 푸치니의 오페라는 굳이 번역이 없어도 내용을 파악할 수 있지만 앤드루 로이드 웨버의 〈지저스 크라이스트 슈퍼스타〉를 번역 없이 봐야만 한다면 상연 시간 내내 이해를 못 해 멀뚱거리는 관객들을 보게 될 거예요.

그리고 오페라와 뮤지컬 사이에는 큰 차이점이 있는데요. 대형 공연이 아닌 이상 가수들은 정통 클래식 창법으로 노래하고 그들의 노래는 육성 그대로 관객에게 전달됩니다. 하지만 뮤지컬은 마이크를 꼭 사용하기 때문에 관객은 배우가 선보이는 다양한 창법을 들을 수 있어요. 또 오케스트라 반주로 진행되는 오페라에 비해 뮤지컬은 라이브 반주, 오케스트라 때로는 대중적인 전자 악기까지 사용하기 때문에 관객들은 록, 클래식, 재즈 등 훨씬 다양한 분야의 음악을 뮤지컬 공연에서 들을 수 있습니다.

세기의 뮤지컬 작곡가

앤드루 로이드 웨버를 뮤지컬의 제왕이라고 하지만 웨스트엔드와 브로드웨이 어딘가에서는 제2의 앤드루 로이드 웨버를 꿈꾸며 창작에 힘 쏟는 이들이 있습니다. 앤드루의 동료이자 라이벌인 세기의 뮤지컬 작곡가를 소개합니다.

클로드 미셸 쇤베르크(1944~)

프랑스 출신의 음악 제작자인 클로드 미셸 쇤베르크는 뮤지컬 〈미스 사이공〉과 〈레 미제라블〉로 잘 알려진 작곡가인데요. 작사가 알랭 부브릴(Alain Boublil 1941~)과의 공동 작업으로 대작을 만든 그는 피아노 조율사인 아버지 밑에서 자라 6~7세부터 〈나비 부인〉과 같이 유명한 오페라를 외울 정도였다고 해요. 1974년 그는 프랑스에서 그해 최고의 히트곡이자 백만 장 이상 판매된 〈첫 발자국Le Premier Pas〉을 만들었고요. 빅토르 위고의 원작 소설을 각색한 뮤지컬 〈레 미제라블〉은 1985년 런던, 1987년 브로드웨이로 알려져 큰 사랑을 받았습니다.

스티븐 손드하임(1930~)

미국 뮤지컬계의 살아 있는 전설 스티븐 손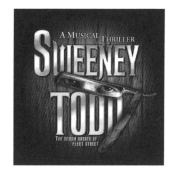
드하임은 뉴욕에서 의류 공장 대표인 아버
지와 패션 디자이너인 어머니 사이에서 태
어났어요. 오스카 해머스타인 2세에게 작
사와 뮤지컬 대본 쓰는 법을 배운 그는 〈웨
스트 사이드 스토리〉 작사가로 데뷔한 뒤
〈로마에서 일어난 기묘한 사건〉으로 작곡가
로 데뷔합니다. 그 이후 〈폴리스〉, 〈소야곡〉, 〈태평양 서곡〉, 〈스위니 토드〉, 〈아
름다운 시절〉, 〈조지와 함께한 일요일 공원에서〉, 〈숲속으로〉 등의 작품을 제작했
습니다. 한국에서는 〈스위니 토드〉, 〈어쌔신〉, 〈컴퍼니〉의 라이선스 공연이 상연
됐지만 흥행에는 성공하지 못했어요.

실베스터 르베이(1945~)

헝가리 출신 작곡가인 실베스터 르베이는
1960년대 초 독일에서 오케스트라 지휘가
로 활동했고 1980년대부터 2000년대 초반
까지는 할리우드에서 영화 음악을 작곡했
어요. 20년간 마이클 더글러스, 조지 루카
스, 실베스터 스탤론, 우피 골드버그, 피터
오툴, 스티븐 스필버그와 작업한 그는 100
개 이상의 미국 영화와 TV 프로그램의 음악을 작곡했습니다. 1990년대 이후 극작
가 미하엘 쿤체와 함께 오스트리아 왕비 엘리자벳의 비극을 다룬 뮤지컬 〈엘리자

원하는 쇼에 최선을 다해 봐!

벳〉(1992)과 볼프강 아마데우스 모차르트의 고뇌를 담은 뮤지컬 〈모차르트〉(1999), 그리고 앨프리드 히치콕의 영화를 리메이크한 뮤지컬 〈레베카〉(2006), 프랑스의 왕비 〈마리 앙투아네트〉(2006) 등을 선보였습니다.

프랭크 와일드혼(1958~)

미국 출신의 프랭크 와일드혼은 특히 한국에서 인기가 많은 뮤지컬 작곡가인데요. 대표적인 작품으로는 〈지킬 앤 하이드〉, 〈드라큘라〉, 〈스칼렛 핌퍼넬〉, 〈보니 앤 클라이드〉 등이 있습니다. 원래 팝송 작곡가였던 그는 케니 로저스, 나탈리 콜 등과 작업했

으며 한국 사람들이 좋아하는 격정적인 발라드에 재능이 있는 음악가로 알려졌습니다. 최근에는 한국의 뮤지컬 배우 류정한과 함께 극작가 에드몽 로스탕의 희곡 〈시라노 드 베르주라크〉를 원작으로 한 뮤지컬 〈시라노〉를 공연했습니다.

앤드루가 발탁한 천상의 뮤즈, 세라 브라이트먼

세라 브라이트먼, 당신은 나의 음악 천사.

앤드루 로이드 웨버

역사적으로 위대한 예술가의 곁에는 그들만큼이나 위대한 연인이 있었죠. 앤드루 로이드 웨버에게는 세라 브라이트먼이 그런 존재였어요. 팝페라의 여제인 세라는 앤드루를 처음 만날 당시만 해도 무명의 신인 여배우였죠. 누구에게도 환영받지 못한 둘의 사랑은 뮤지컬 〈오페라의 유령〉이란 역작을 낳았고, 그들의 성공 신화는 여전히 계속되고 있습니다.

원하는 쇼에 최선을 다해 봐!

새내기 뮤지컬 배우, 젊은 뮤지컬 거장을 만나다

아무리 좋은 음악을 만드는 작곡가라 해도 이를 제대로 표현할 가수나 연주자가 없다면 그 곡은 무용지물이 되기 쉽죠. 국내는 물론 전 세계적으로도 사랑받은 케이 팝 가수들의 사례를 봐도 그 래요. 지난 2012년 전 세계를 뒤흔든 싸이의 〈강남 스타일〉은 싸이라는 가수와 유건형이란 작곡가겸 제작자가 만든 최고의 조합이었고요. 조금 거슬러 올라가면 창작 뮤지컬 〈광화문 연가〉에서 이문세 씨와 작곡가 이영훈 씨는 1980~1990년대 대한민국 대중 음악사를 바꾼 천상의 콤비였답니다. 이쯤 되면 여러분들도 궁금할 거예요. 앤드루 로이드 웨버에게 영감을 불어넣어 준 천상의 뮤즈이자 파트너가 누구인지 말이죠.

바로 우리에게 친숙한 노래, 〈타임 투 세이 굿바이Time to Say Goodbye〉와 〈넬라 판타지아Nella Fantasia〉로 유명한 세계 최고의 팝페라 가수, 세라 브라이트먼이었어요. '팝페라의 여왕'이라고도 불리는 세라 브라이트먼은 한국에서도 많은 팬을 보유한 뮤지션인데요. 지난 2016년 성황리에 한국 투어를 끝낸 세라는 솔로 독립을 선언한 이후, 무려 2600만 장이라는 어마어마한 음반 판매를 기록했어요. 지금이야 앤드루만큼, 아니 훨씬 더 유명한 아티스트가 된 그녀지만 앤드루를 처음 만나던 1981년경에는 지금과는 많이 달랐죠.

세 살 때부터 영국 엘름허스트 발레 학교에 입학해 무용을 배우고 1970년대 영국 팝 댄스 그룹이었던 '팬 피플'의 메인 보컬로 활동한 세라는 열여덟 살이 되면서 뮤지컬 배우로 전향해 꿈을 키웠어요.

새내기 뮤지컬 배우와 젊은 뮤지컬 거장이 처음 만난 장소는 뮤지컬 〈캣츠〉의 오디션장이었는데요. 그 당시에 뮤지컬을 좀 안다는 사람이라면 누구나 〈캣츠〉를 앤드루가 만든 최초의 실패작이 될 거라고 비웃던 때였죠. 뮤지컬 〈캣츠〉의 성공은 이제 완벽한 고양이가 되어 줄 배우들에게 달려 있었어요. 하지만 퍼포먼스와 노래 그리고 연기까지 만족스러운 배우를 캐스팅하기는 정말 어려웠어요. 심사 위원들이 장시간의 심사로 지쳐 갈 때쯤 이국적인 외모를 한 세라가 오디션장에 들어섰어요. 영국인 백인 아버지와 인도계 영국인 어머니 사이에서 태어난 그녀는 심사 위원들의 이목을 끌기에 충분했어요. 동양과 서양을 넘나드는 이국적인 얼굴과 고양이를 연상시키는 시원한 눈매까지 세라는 지금 막 젤리클 무도회에 입장한 고양이 같았거든요. 특별했던 건 그녀의 외모만은 아니었어요.

"세라! 노래를 한번 불러 보겠어요?"

어릴 때부터 받은 성악 교육과 타고난 재능 덕분인지 세라는 팝과 오페라 장르를 자연스럽게 소화할 수 있었어요. 갓 뮤지컬을 시작한 신인 여배우가 보여 준 놀라운 성량에 심사 위원들은 깜짝 놀랐어요. 하지만 한 가지 더 확인해야 할 게 있었죠. 바로 춤 실력이었어요.

"세라! 〈캣츠〉의 고양이들은 누구보다 몸놀림이 아름답고 섹시해야 해요. 오늘 오디션을 위해 준비한 게 있나요?"

"네, 전 어렸을 때부터 무용을 했어요. 제가 준비한 발레 동작을 보여 드릴게요."

심사 위원의 요구에 세라는 세 살 때부터 발레로 다진 우아한 몸놀림을 선보였어요. 사실 세라는 발레뿐만 아니라 각종 댄스를 섭렵한 댄스 신동이었고 안무가가 구상한 고난도의 안무를 충분히 소화할 수 있는 배우였죠. 마치 뮤지컬 〈캣츠〉를 위해 태어난 사람처럼 완벽한 그녀를 앤드루는 제미마 역으로 캐스팅했어요. 세라가 맡은 제미마는 〈메모리〉를 부르는 늙은 고양이 그리자벨라가 힘에 부쳐 주저앉을 때 곁에서 힘을 북돋워 주는 고양이인데요. 제미마 역이 비중이 큰 역할은 아니었지만 앤드루는 세라에게 푹 빠져들었어요.

두 사람의 만남이 천재 뮤지컬 작곡가와 재능 있는 배우와의 조합으로만 남았다면 어땠을까요? 여기서 앤드루의 인생에서 조금은 불편한 진실을 한 가지 말해야 할 것 같아요. 두 사람은 뮤지컬 작곡가와 배우로 만나 불꽃 같은 사랑을 불태웠지만 처음 만났을 당시 각자 배우자가 있었다는 사실이에요. 세라는 열여덟 살 때 록 그룹 매니저였던 앤드루 그레이엄 스튜어트와 결혼했었고, 앤드루의 옆에는 옥스퍼드 시절부터 10년 이상을 함께해 온 부인 세라 휴길이 있었어요. 하지만 앤드루는 자신의 음악을 최상의 예술로 만들어 준 뮤즈에게 빠져들었고, 세라 역시 인생의 전환점을 만들어 준 앤드루에게 흠뻑 취해 버렸답니다. 천재 뮤지컬 작곡가와 신예 배우는 세상의 비난을 받으면서도 사랑을 키워 나갔고 결국 각자의 배우자와 이혼한 후 1984년에 결혼식을 올렸어요.

30여 년이 훨씬 넘은 이야기지만 앤드루와 세라의 사랑은 불륜과 예술의 경계에 서 있었습니다. 물론 세상 사람 대부분이 말하는 것처럼 어떤 이유에서든 불륜은 절대 정당화되어선 안 되고 세간의 비난은 당사자가 마땅히 짊어져야 할 짐이겠죠. 그런데 아이러니한 일은 말이지요. 앤드루와 세라 사이에 치열한 사랑이 없었다면 우리는 세기의 뮤지컬 〈오페라의 유령〉을 만날 수 없었다는 겁니다. 예술적인 것이 항상 정의로운 것은 아니라는 데 인생의 아이러니가 있어요. 세상의 비난에도 굳건했던 그들의 사랑이 고작 6년 만에 끝났다는 점도 그렇고 말이죠. 천재 작곡가와 아름다운 뮤즈의 현재가 궁금하다고요?

어느 이혼 부부와는 달리 앤드루와 세라는 여전히 서로를 인정

원하는 쇼에 최선을 다해 봐!

하는 파트너가 되었어요. 이혼 뒤에도 앤드루는 1992년 바르셀로나 올림픽 주제가 〈영원한친구Amigos Para Siempre〉를 세라 브라이트먼과 세계적인 테너 호세 카레라스에게 맡기는 등 변함없는 우정을 과시했죠. 그런 감정은 세라 브라이트먼도 마찬가지여서 지난 2011년에 열린 뮤지컬 〈오페라의 유령〉 25주년 기념 공연에 출연해 앤드루의 뮤즈임을 증명했답니다.

〈오페라의 유령〉 '크리스틴' 역은 오직 세라뿐

뮤지컬 〈오페라의 유령〉은 앤드루가 부인이 된 세라를 위해 만든 작품이나 다름없었어요. 앤드루는 세라만을 생각하며 여주인공 크리스틴의 노래를 만들었거든요. 극 중 크리스틴의 노래는 엄청난 난이도를 자랑하는데요. 성악 발성을 이용해 최고 음을 끌어올리고 중고음에서 중저음에 이르는 구간은 팝 창법으로 불러야했어요. 하지만 어렸을 때부터 성악을 배웠고 음역이 넓은 세라에게는 어려운 일은 아니었죠.

세라가 〈오페라의 유령〉 속 크리스틴으로 성장해 가는 동안 작품 속 또 다른 주인공인 유령 역은 결정되지 않았어요. 고심 끝에 앤드루가 유령 역할로 발탁한 사람은 록 그룹 코크니 레벨의 보컬

중국의 오페라 생방송에 출연한 세라 브라이트먼의 모습

이었던 스티브 할리였는데요. 작품을 진행할수록 앤드루는 스티브가 맡은 유령 역할이 마음에 들지 않았어요. 결국 앤드루는 작품을 웨스트엔드 무대에 올리기 5개월 전에 코미디 배우 마이클 크로퍼드에게 유령 역을 맡겼어요. 연기력이 뛰어난 배우였던 마이클은 중성적이면서도 섹시한 음색으로 유령의 고뇌를 표현했는데요. 웨스트엔드 초연 당시 신인 배우였던 세라보다 훨씬 큰 인기를 끌었다고 해요.

이렇게 앤드루가 만든 음악은 세라 브라이트먼과 마이클 크로퍼드 조합이 만들어 낸 천상의 목소리와 어우러져 뮤지컬 〈오페라의 유령〉의 성공 신화를 만들었어요. 특히 뮤지컬 〈캣츠〉의 앙상블이었던 세라 브라이트먼은 이제 웨스트엔드의 성공 신화를 안고 미국 브로드웨이 입성을 앞두고 있었죠. 하지만 문제는 생각지도 않은 데서 벌어졌어요.

"저희는 세라 브라이트먼을 인정할 수 없습니다. 웨스트엔드에서도 톱스타가 아닌 배우를 이런 대작에 여주인공으로 쓰다니요. 더군다나 여기는 브로드웨이라고요. 겁도 없이 신인 배우를 쓰다가 망하면 그때는 누가 책임질 건가요?"

뮤지컬 〈오페라의 유령〉을 브로드웨이에 올리기로 결정하자 미국 배우 노조에서 반대를 한 거였죠. 미국 배우 노조의 주장은 외국인 배우를 인정하지 않으려는 명백한 텃세였어요.

"브로드웨이에 입성한 이상 크리스틴 역할은 미국인 배우를 써야 해요. 아니면 톱배우를 데려오시든가요."

생각지도 못한 텃세였지만 앤드루도 연출을 맡은 해럴드도 고집을 꺾지 않았어요.

"세라 브라이트먼이 크리스틴 역할을 맡지 않는다면 브로드웨이 입성은 포기하겠어요."

브로드웨이의 호사가들은 당시 사건에 대해 부인만 싸고돈다며 앤드루를 비난했지만 그의 생각은 달랐어요. 물론 세상이 비난하는 것처럼 앤드루가 세라 브라이트먼을 고집한 이유는 그녀가 부인인 이유도 있었죠. 세라의 생일을 기념해 곡을 만들 정도로 정성을 쏟은 〈오페라의 유령〉인데 세라가 아닌 크리스틴을 상상하기는 어려웠을 거예요. 하지만 더 중요한 이유가 있었어요. 앤드루는 세계 어디에서 공연되든 자신이 만든 뮤지컬은 본인이 기획한 방식 그대로 무대에 오르기를 바랐어요. 이런 이유로 세라 브라이트먼은 물론 유령 역할을 맡은 마이클 크로퍼드 그리고 라울 역할을 맡은 스티브 바턴도 함께 브로드웨이에 갔어요.

세 사람 모두 똑같은 상황이었지만 미국 배우 노조는 마이클 크로퍼드는 영국의 톱배우로 인정했고, 미국 국적이 있는 스티브 바턴도 문제 삼지 않았죠. 결국 신인 여배우였던 세라 브라이트먼은 자신을 위해 만든 크리스틴 역할을 다른 배우에게 넘기거나 앤드루의 고집대로 작품의 브로드웨이 입성을 포기해야 하는 상황에 처했어요.

앤드루와 미국 배우 조합의 싸움이 커질 조짐이 보이자 공연 주최 측에서 중재에 나섰어요. 영국 배우인 세라 브라이트먼을 고용하는 대신 웨스트엔드에서 공연할 앤드루 로이드 웨버의 차기작에는 꼭 미국인 배우를 주연으로 기용하기로 약속한 거죠. 이렇게 요란한 잡음을 안고 뮤지컬 〈오페라의 유령〉이 입성하자 브로드웨이에선 이 모든 사태의 원인이 된 신인 여배우에게 관심이 쏠렸어요. 처음에는 천재 작곡가의 든든한 비호 아래 브로드웨이에 진출했다는 비난이 컸지만 정작 상연이 시작되자 세라 브라이트먼이 선사하는 천상의 목소리를 극찬하는 사람들이 늘어났죠. 결국 세라 브라이트먼은 전 세계가 사랑하는 스타가 될 수 있었어요.

앤드루, 이 무대의 주인공은 너야

앤드루 로이드 웨버가
'남작'이 되다?

앤드루 로이드 웨버는 미국 브로드웨이에 주도권을 내주고 쇠퇴를 거듭하던 영국의 웨스트엔드 뮤지컬 시장에 혁명을 불어넣었어요. 비틀스가 전 세계 음악 시장을 장악한 이후 앤드루의 브로드웨이 공연장 입성을 가장 강력한 제2의 '브리티시 인베이전British Invasion'이라 부를 정도로 말이죠. 이런 공로를 인정해 영국 왕실은 1992년 앤드루에게 '기사 작위Sir'를 내렸어요. 그리고 이듬해 1993년에는 관광객 유치에 크게 기여한 공로를 인정받아 앤드루는 기사Knight 칭호를 받았어요. 그해 영국관광청에서 조사한 통계를 보면 런던 관광의 가장 큰 구경거리는 뮤지컬 관람이었는데요. 굳이 말하지 않더라도 영국을 찾은 관광객들이 어떤 작품을 보러 왔을지 짐작할 수 있겠죠? 그리고 몇 년 뒤인 1997년, 앤드루는 '남작Baron'이 되었습니다.

100여 년 전 왕정 국가도 아니고 21세기 작곡가에게 남작 수여라니 좀 뜬금없지 않나요? 영국의 정치 제도를 알면 이해가 될 거예요. 영국은 왕의 존재를 인정하는 민주주의 국가죠. 하지만 영국의 왕인 엘리자베스 여왕은 국민의 존경을 받는 상징적인 존재일 뿐 실제적인 정치 권력은 의회가 갖고 있어요. 왕실이 있으면 귀족도 있는 법이죠. 영국에는 공작(Duke 또는 Prince), 후작(Marquis), 백작(Earl 또는 는 Count), 자작(Viscount), 남작(Lord 또는 Baron)이란 귀족 제도가 있는데요. 영국의 귀족은 옛날처럼 엄청난 특권과 정치력은 없지만 작위를 받은 사람은 이를 평생의 명예로 생각해요. 특히 영국 왕실이 앤드루에게 수
여한 종신 남작 작위는 유명 정치가나 축구 선수, 예
술인 등 유명인이거나 사회에 공헌한 사람에게 수여
하는 작위인데요. 수많은 비난과 찬사 속에서 뮤지
컬 외길 인생을 걸어온 앤드루 로이드 웨버에게 종신
남작 수여는 명예 이상의 의미가 있답니다. 영국에선 이제 앤드루의 이름을 부를
때 '로드Lord'란 존칭어를 꼭 써야 한다는군요.

앤드루 로이드 웨버의
주목받지 못한 작품들

아무리 정상을 기록한 예술가도 올라갈 때가 있으면 내려오는 때가 있는 법이죠. 어릴 때부터 천재 음악가 소리를 들었던 앤드루 역시 마찬가지였어요. 뮤지컬 〈오페라의 유령〉의 엄청난 성공 이후 앤드루의 작품은 예전만 못하다는 이야기를 많이 들었거든요. 1989~2004년까지 앤드루는 연이은 흥행 실패를 맛봐야 했어요. 비록 관객을 모으는 데는 실패했지만 각 작품은 나름대로 그에게 의미가 있답니다. 어떤 작품들이 있는지 한번 살펴볼까요?

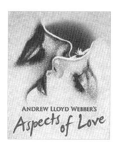

〈사랑의 이모저모〉(1989)

사랑과 성(性)에 대해 다룬 작품인데요. 앤드루가 만든 작품이란 사실이 무색할 만큼 많이 알려지지는 않았지만, 작품에 삽입된 노래 〈사랑은 모든 걸 변하게 해요〉는 크게 히트했어요.

〈선셋 대로〉(1993)

1940~1950년대를 다룬 작품인데요. 빌리 와일더가 만든 동명의 영화처럼 뮤지컬 〈선셋 대로〉는 이미 잊힌 지 오래된 영화배우 노마 데스몬드의 복귀를 다루고

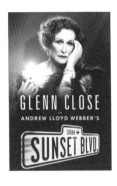

있어요. 앤드루는 1940년대풍의 스윙 음악을 작품 곳곳에 배치하는 한편 할리우드와 브로드웨이에 잘 알려진 대배우 글렌 클로스를 섭외했어요. 글렌 클로스의 연기는 빛을 발했고 뮤지컬 〈선셋 대로〉는 그녀가 배역에서 물러나기까지 무려 4년 동안 런던에서 상연됐어요. 하지만 안타깝게도 글렌 클로스가 배역을 그만둔 뒤에 앤드루는 스타 배우가 얼마나 대중에게 큰 영향을 미치는지 깨닫게 됐죠.

〈휘슬 다운 더 윈드〉(1999)

이 작품의 이름을 기억하는 사람은 별로 없지만 〈노 매터 왓No Matter What〉이란 노래를 기억하는 사람은 많은데요. 한국에서도 공전의 히트를 기록한 이 곡은 사실 뮤지컬 〈휘슬 다운 더 윈드〉의 주요 곡 중 하나예요. 이 노래는 극 중 탈옥수를 예수로 착각한 시골 아이들이 각자 소중한 물건을 가져와 선물하며 "어른들이 뭐라 하든 당신을 믿는다"며 노래하는 장면에 등장합니다. 공연의 막을 올리기 전 작곡자였던 앤드루는 당시 아이리시 보이 밴드로 세계적인 인기를 누리던 보이존에게 먼저 주제곡을 부르게 했고 결국 〈노 매터 왓〉은 뮤지컬보다 더 유명한 히트곡이 되었습니다.

〈뷰티풀 게임〉(2000)

런던 케임브리지 극장에서 초연한 이 뮤지컬은 1970년대를 배경으로 벨파스트 축구 선수들의 사랑과 우정, 그리고 배신을 다룬 작품이에요. 이 작품은 수백 년간 영국의 지배를 받아 온 북아일랜드의 이야기를 영국에서 다뤘다는 것만으로도 큰 화제를 모았는데요. 앤드루의 작품 중 정치 갈등과 사회적 이슈를 가장 세세히 담아냈다는 평가를 받았습니다.

〈오페라의 유령〉 후속작, 〈러브 네버 다이즈〉(2010)

앤드루의 최악의 선택이라고 할 수밖에 없는 안타까운 작품인데요. 뮤지컬 〈오페라의 유령〉이 성공 가도를 달리자 자연스럽게 속편 이야기가 나왔어요. 〈자칼의 날〉로 유명한 작가 프레더릭 포사이스Frederick Forsyth가 속편 작업을 마쳤지만 앤드루는 프레더릭의 작품이 무

대화하기에 불가능하다고 판단하고 속편 작업을 미뤘죠. 결국 프레더릭의 〈오페라의 유령 2〉는 책으로만 발간됐고 엄청난 혹평을 받았습니다.

국내에선 〈오페라의 유령 2: 에릭의 부활〉로 번역된 이 작품은 때마침 뮤지컬 〈오페라의 유령〉 라이선스 공연이 화제를 모으자 함께 주목을 받았는데요. 앤드루는 여기서 끝났으면 좋았을지도 모를 〈오페라의 유령〉 속편 작업을 진두지휘합니다. 1986년 초연한 뮤지컬 〈오페라의 유령〉 이후 흥행과는 거리가 멀었던 앤드루에게 속편 작업은 꼭 필요했던 건지도 몰라요. 2010년 〈오페라의 유령〉 속편은 〈러브 네버 다이즈〉란 제목으로 웨스트엔드 아델피 극장Adelphi Theatre에서 공개됐는데요. 결과는 참혹했어요. 2010년 3월 9일 웨스트엔드에서 개막한 공연은 2011년 8월 27일까지 총 630회 공연을 끝으로 마무리됐고, 브로드웨이와 호주에서도 좋은 평가를 받지 못했습니다.

4

Andrew Lloyd Webber

천재 음악가,
감동을 알다

계속되는 도전

우리 앞에 무슨 일이 벌어질지는 아무도 알 수 없죠.
하지만 우리는 시대정신에 맞춰
작품을 흥행시켜야만 해요.

앤드루 로이드 웨버

영화 〈시카고〉와 〈드림 걸스〉 그리고 〈레 미제라블〉까지 뮤지컬을 영화로 재해석한 뮤지컬 영화는 전 세계적으로 흥행을 거뒀는데요. 1970년대 초 본인의 의도가 담기지 않은 영화 〈지저스 크라이스트 슈퍼스타〉를 본 앤드루는 직접 마음에 드는 뮤지컬 영화를 만들고 싶었어요. 뮤지컬 〈오페라의 유령〉이 성공을 거두자 앤드루는 조엘 슈마허 감독과 함께 영화로 만드는 작업을 서두르지만 예기치 않은 일로 인해 15년이 지난 뒤 영화는 완성됩니다.

뮤지컬을 영화로! 새로운 장르에 도전하다

뮤지컬 영화 〈레 미제라블〉을 만든 톰 후퍼 감독이 〈캣츠〉를 영화로 만들었는데요. 사연 많은 젤리클 고양이들의 이야기와 질리언 린이 만든 화려한 퍼포먼스를 어떻게 영상으로 담아냈는지 감상해 보세요. 사실 뮤지컬을 영화로 만들거나 반대로 영화나 드라마를 뮤지컬로 만드는 경우는 이미 여러 번 시도됐었죠. 우리나라만 해도 뮤지컬 〈김종욱 찾기〉가 공유와 임수정 주연의 영화로 성공을 거뒀고요. 영화 〈싱글즈〉와 〈번지점프를 하다〉는 각색을 거쳐 뮤지컬 관객을 만나기도 했습니다. 그리고 영국 영화 〈빌리 엘리엇〉은 웨스트엔드의 스테디셀러 뮤지컬로 자리 잡은 지 오래인데요.

이렇게 한 가지 콘텐츠로 여러 가지 사업을 만드는 비즈니스를 '원 소스 멀티 유즈(OSMU, One Source Multi Use)'라고 해요. 원 소스 멀티 유즈는 적은 추가 비용으로 고부가 가치를 만들어 내는 비즈니스인데요. 오래전부터 앤드루는 다양한 작품에서 원 소스 멀티 유즈 비즈니스를 활용했습니다. 앤드루와 팀이 만든 뮤지컬 〈지저스 크라이스트 슈퍼스타〉가 그러했죠.

뮤지컬 〈지저스 크라이스트 슈퍼스타〉가 상연되고 있던 1973년경 영화 〈토마스 크라운 어페어〉와 〈지붕 위의 바이올린〉을 만든 감독 노먼 주이슨은 〈지저스 크라이스트 슈퍼스타〉를 영화로 만들었는데요. 20대 초반에 뮤지컬 〈지저스 크라이스트 슈퍼스타〉로 찬사와 비난을 받은 앤드루는 동명의 영화가 그다지 마음에 들지 않았어요. 하지만 그 당시 앤드루는 햇병아리 신인이었고 〈지저스 크라이스트 슈퍼스타〉를 영화로 만든 노먼 주이슨은 앤드루보다 스물두 살이나 더 많은 선배였어요. 앤드루는 자신에게 여력이 생긴다면 꼭 마음에 드는 뮤지컬 영화를 만들겠다고 결심했죠.

1988년 런던에서 뮤지컬 〈오페라의 유령〉을 성공한 앤드루는 이번 작품이야말로 영화랑 잘 어울린다고 생각했어요. 때마침 할리우드 제작사 워너 브라더스가 〈오페라의 유령〉을 영화로 만드는 데 관심을 가졌고, 그러던 중 앤드루는 조엘 슈마허가 만든 〈로스트 보이〉란 영화를 봤어요. 〈로스트 보이〉는 살인 흡혈귀 무리에게 물려 뱀파이어가 된 형을 사람으로 되돌리기 위해 질주하는 소년의 이야기였는데요. 영화를 보는 내내 앤드루는 조엘 슈마허의 스토리나 화면은 물론 삽입곡을 선택하는 감각이 기막힐 정도로 뛰어나다는 사실을 깨달았어요. 한마디로 조엘 슈마허는 훌륭한 시각 센스와 음악적인 감각을 가진 감독이었던 거예요. 앤드루는 당장 그를 만났어요. 함께 작업하기로 한 두 사람은 진정으로 음악을 이해하고 음악적 감각이 탁월하다는 점에서 좋은 파트너가 됐어요.

앤드루, 이 무대의 주인공은 너야

둘의 만남으로 〈오페라의 유령〉을 영화로 만드는 작업은 급물살을 타기 시작했어요. 뮤지컬 〈오페라의 유령〉의 주역 마이클 크로퍼드와 세라 브라이트먼을 주연으로 낙점한 뒤 촬영만 시작하면 되었죠. 하지만 예기치 않은 문제가 터졌어요. 바로 앤드루가 뮤즈이자 부인이었던 세라 브라이트먼과 이혼을 한 것이었죠. 크리스틴 역을 맡은 세라가 영화에서 하차하게 되자 당시 팬텀 역으로 인기를 누린 마이클 크로퍼드 역시 영화 출연 계획이 무산됐어요.

영화 〈오페라의 유령〉 프로젝트가 무산된 건 앤드루와 세라의 사생활 문제도 있었지만요. 전 세계적으로 많은 팬을 확보한 뮤지컬에 혹시라도 피해가 가지는 않을까 하는 앤드루의 두려움이 컸어요. 그는 한국의 영화 잡지 〈씨네 21〉과의 인터뷰에서 이렇게 고백한 바 있어요.

"당장 촬영만 하면 되는 상황이었지만 당시 우리는 모두 두려웠어요."

위대한 뮤지컬이 영화로 만들어져 성공한 사례가 너무 오래전이었고, 뮤지컬보다 짧은 영화 상영 시간에 맞춰 분량을 줄여야 하는 것도 걱정스러웠다고요. 지금이야 뮤지컬로 성공한 사례도 많고 영화가 뮤지컬의 질을 한 단계 높일 수 있음을 확신하지만 당시에는 모든 게 두려웠다고 말이죠. 언뜻 보기에 앤드루 로이드 웨버란 천재는 항상 도전하고 모험을 즐기는 사람 같아 보여요. 그리고 어느 정도는 그 말이 맞죠. 하지만 영화 〈오페라의 유령〉을 만드는 과정에서 겪은 개인적인 고통과 두려움은 앤드루를 망설이게 했고 1988년에 기획한 영화 〈오페라의 유령〉은 오랜 시간이 지나도록 빛을 보지 못했어요.

그 사이 앤드루는 〈스타라이트 익스프레스〉, 〈선셋 대로〉 제작에 매진해 왔고 영화 〈에비타〉 작업에도 참여했어요. 조엘 슈마허 역시 〈배트맨 포에버〉, 〈타임 투 킬〉, 〈폰부스〉 같은 영화로 흥행과 예술성을 갖춘 감독으로 인정받고 있었어요. 영화는 함께 만들지 못했지만 끊임없이 교류해 온 앤드루와 조엘은 2002년 어느 날 함께 저녁을 먹었어요. 갑자기 생각난 것처럼 앤드루가 말을 꺼냈죠.

"조엘! 지금쯤이면 〈오페라의 유령〉을 다시 영화로 만들어도 좋을 것 같아요."

"앤드루! 나도 그 말을 기다리고 있었어요. 재밌을 것 같지 않아요?"

그동안 기다린 15년의 세월이 무색할 만큼 영화 〈오페라의 유령〉은 놀라울 정도로 빨리 진행됐어요. 영화에 나오는 배우는 오디션으로 선발했는데요. 뮤지컬이 그러했듯 영화 〈오페라의 유령〉 속 배우들도 뛰어난 음악적 재능을 갖춘 배우들이었어요.

우선 조엘 슈마허 감독이 오디션과 스크린 테스트를 거치면 앤드루가 그들의 노래 실력을 평가했죠. 그 결과 전문적인 음악 교육을 받지는 않았지만 록 음악을 제대로 소화할 줄 알았던 제라드 버틀러가 팬텀을 맡게 됐고요. 조엘 슈마허가 "마치 벼락을 맞은 것 같다."고 표현한 열여섯 살의 여배우 에미 로섬이 크리스틴이 됐습니다. 과거 한 인터뷰에서 앤드루는 이렇게 고백합니다.

"뮤지컬 〈오페라의 유령〉을 만들던 때처럼 더 좋은 음악은 지금도 만들 수 없습니다. 물론 사람들의 관점은 다르겠지만 저한테는 그것이 최선이었거든요."

50여 년 동안 천재 뮤지컬 작곡가로 칭송받은 거장에게서 나온 이야기라 하기에는 정말 솔직한 고백 아닌가요? 더 좋은 음악은 나올 수 없다고는 했지만 영화로 탄생한 〈오페라의 유령〉을 위해 그는 새로운 곡에 도전합니다. 뮤지컬에선 볼 수 없는 두 장면이 새롭게 추가됐기 때문이죠. 조엘 슈마허 감독에 대한 신뢰와 음악적인 공감대가 있었기 때문에 한 일이지만 앤드루는 그때의 경험을 잊지 못했습니다. 조엘이 새롭게 추가한 공동묘지 장면과 영화 전반부 라울이 과거를 회상하는 장면을 본 순간 앤드루는 새로운 여행을 떠난 것 같았거든요. 영화를 보며 영감을 떠올린 앤드루는 바로 곡을 썼는데요. 앤드루와 절친한 사이먼 리가 지휘를 맡아 풀 오케스트라로 녹음했습니다. 새롭게 녹음한 곡은 영화판 엔딩

곡인 〈런 투 비 론리Learn to Be Lonely〉, 그리고 유령의 솔로곡인 〈노 원 우드 리슨No One Would Listen〉인데요. 마치 15년 전 뮤지컬을 준비하듯이 하나하나 공들인 앤드루의 작업은 세상의 호평을 받았습니다.

콘텐츠 사업, 관광 산업에 힘 쏟다

앤드루 로이드 웨버를 흔히 '뮤지컬의 제왕'이라고들 하는데요. 그가 뮤지컬의 제왕이 된 이유에는 여러 요인이 있어요. 먼저 클래식과 팝, 전통 음악 등 온갖 장르의 음악을 작품 안에 녹일 줄 아는 작곡 능력, 욕 먹는 것 정도는 가볍게 넘길 만큼 두둑한 배짱, 그리고 적재적소에 능력자를 배치할 줄 아는 눈썰미까지 앤드루는 성공한 사람이라면 갖추기 마련인 능력을 타고난 사람이었죠. 그런데 여기서 중요한 한 가지가 더 있어요. 바로 마케팅 감각이에요. '마케팅을 아는 천재 뮤지션'이라니 앤드루가 세상이 모두 존경하는 천재 예술가들과 조금 다른 이유이기도 하죠.

우리는 흔히 천재라고 불리는 예술가들을 많이 만나는데요. 빈센트 반 고흐, 베토벤, 모차르트까지 세상을 움직인 천재 예술가들은 많지만 그들 중 상당수는 죽을 때까지 재능을 인정받지 못하거나 인정받았어도 사업적인 감각은 전혀 없어서 평생 가난하게 살다 삶을 마친 경우가 많아요. 하지만 앤드루는 그들과는 달랐어요. 자신의 재능을 제대로 활용할 줄 알았고 사업적인 감각을 발휘해 큰 수익을 올렸죠. 가끔은 실패할 때도 있었지만요.

앤드루와 팀의 브로드웨이 첫 진출작 〈지저스 크라이스트 슈퍼스타〉를 기억해 볼까요? 20대 초반의 두 청년은 공연 개막에 앞서 뮤지컬의 중심 멜로디 라인을 담은 콘셉트 앨범을 내는데요. 요즘이야 공연 전 뮤지컬 콘셉트 앨범을 내는 게 당연한 순서가 됐지만 1970년대 초반 록 음악 스타 이언 길런을 섭외해 콘셉트 앨범을 낸 그들의 시도는 어찌 보면 무모해 보이기도 했어요. 무모해 보이던 앤드루와 팀의 시도는 다행히 큰 성공으로 마무리됐지만 말이죠. 앤드루의 사업적인 감각은 뮤지컬 〈캣츠〉를 준비하면서 세운 리얼리 유스풀 그룹(RUG)에서도 나타납니다. 새 뮤지컬을 준비하기에도 바빴을 그가 굳이 회사까지 설립한 이유가 궁금하지 않나요?

뮤지컬 〈지저스 크라이스트 슈퍼스타〉와 〈에비타〉가 성공을 거둔 후 앤드루는 전에는 미처 깨닫지 못한 사실을 알게 됐어요. 바로 불리한 계약 조건이었죠. 두 작품을 제작한 로버트 스틱우드는 1970년대 디스코 열풍을 불러온 3인조 형제 그룹 비지스를 발굴하고, 뮤지컬 〈토요일 밤의 열기〉와 〈그리스〉를 제작한 호주 출신의 제작자였습니다. 로버트 스틱우드는 앤드루와 팀의 재능을 발

천재 음악가, 감동을 알다

견하고 슈퍼스타로 키운 사람임은 분명했지만, 그들의 계약 조건은 앤드루의 생각만큼 만족스럽지 못했어요. 요즘처럼 저작권 분쟁이나 계약 위반 소송이 자유롭지 못했던 시절 앤드루는 새 작품만큼은 자신이 설립한 회사에서 제작하겠다고 결심하게 되죠.

리얼리 유스풀 그룹을 한국어로 번역하면 '진짜로 쓸모 있는 기업'이란 뜻이잖아요. 단순하다 못해 너무 솔직한 이름 아닌가요? RUG가 뮤지컬 제작사에서 복합 문화 콘텐츠 그룹이 되기까지 그 이름만큼이나 재미있는 일화가 있어요.

회사 이름을 고민하던 중 앤드루는 《토마스와 꼬마 기차》라는 동화를 보게 되는데요. 동화 속에서 기차를 '리얼리 유스풀 엔진 Really Useful Engines'이라고 부르고 있었어요. 앤드루는 사람들의 발이 되어 주는 기차처럼 진짜 쓸모 있는 기업이 되자는 의미에서 '리얼리 유스풀 그룹'이라 이름 지었다고 해요.

이름도 진짜 쓸모 있는 회사인데 로고 역시 실용성이 빠져선 안 되겠죠. 진짜로 쓸모 있는 게 뭘까 고민하던 앤드루는 우리가 흔히 말하는 맥가이버 나이프를 로고로 삼았답니다. 1980년대 미국 TV 드라마 〈맥가이버〉의 주인공은 탁월한 지능과 순발력으로 위기를 탈출하는 사람이었는데요. 그가 가진 맥가이버 칼은 손톱깎이, 과일칼 그리고 위기를 방어하는 무기가 되기도 했어요.

말 그대로 쓸모 100%를 자랑하는 맥가이버 칼을 로고로 지정한

RUG는 앤드루의 바람대로 진짜 쓸모 있는 회사가 되었습니다. RUG는 뮤지컬 제작은 물론 음반사, 극장 운영, 출판, 영화사 등 복합 문화 콘텐츠 사업을 운영하고 있는데요.

THE REALLY USEFUL GROUP

런던과 시드니에 사무소가 있는 RUG에선 앤드루의 주옥같은 작품들을 세계 곳곳에서 상연하고 있고요. 상연 국가마다 철저한 검증을 거쳐 라이선스 작업을 시도하고 있습니다. 그 결과 RUG는 영국 웨스트엔드 뮤지컬 시장을 좌지우지할 정도로 어마어마한 수익을 올리게 됩니다.

뮤지컬과 영화의 크로스오버

뮤지컬로 사랑을 받은 작품이 영화로 만들어지거나 반대로 크게 흥행한 영화가 다시 뮤지컬로 만들어지는 크로스오버 현상은 이미 오래전부터 있었는데요. 〈뉴욕 타임스〉에선 "뉴욕과 할리우드 사이의 쌍방향 도로는 사실 할리우드가 탄생된 바로 그 순간부터 존재해 왔다"는 논평을 내놓을 만큼 영화와 뮤지컬의 크로스오버는 활발하게 이뤄졌습니다. 그럼 흥행과 작품성 확보란 두 마리 토끼를 잡은 성공 사례들을 함께 살펴볼까요?

성소수자와 록밴드가 만난 최고의 조합

〈헤드윅〉

성 소수자와 록 밴드가 만난 최고의 뮤지컬 〈헤드윅〉은 비행기에 우연히 나란히 앉은 배우 겸 제작자 존 캐머런 미첼과 음악 감독이었던 스티븐 트래스크가 이야기를 나누다 탄생한 작품이에요. 첫 데뷔 공연은 1994년이었고 정식 공연은 1998년에 치러졌어요. 당시만 해도 뮤지컬 공연이라기보다는 뉴욕의 드래그나이트Drag Night(트랜스젠더의 립싱크 공연)가 열리는 스퀴즈 박스에서 시작된 공연이었어요. 하지만 펑크 록. 발라드 등 다양한 장르의 노래를 부르는 괴짜 트렌

스젠더의 이야기는 큰 흥행을 거뒀고 2000년도에는 영화로도 만들어집니다. 뮤지컬을 제작한 존 캐머런 미첼이 직접 주연을 맡은 이 영화는 총 3600만 달러를 벌어들이며 성공을 거두고 OST를 찾는 관객들도 많아졌는데요. 참고로 한국에선 2002년 총 4개의 상영관에서 개봉한 이 영화는 2만 5300명이란 관객 수를 기록해 작은 영화의 힘을 보여 줬습니다.

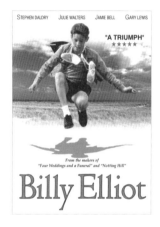

탄광촌 소년 웨스트엔드를 점령하다

〈빌리 엘리어트〉

뮤지컬 〈빌리 엘리어트〉는 1980년대 영국 탄광촌의 가난한 아이 빌리가 발레리노로 성장하는 과정을 담은 영화 〈빌리 엘리어트〉를 바탕으로 만들어진 웨스트엔드의 흥행작인데요. 뮤지컬 〈아이다〉로도 잘 알려진 엘튼 존이 작곡하고 원작 감독인 스티븐 달드리가 연출을 맡았습니다. 이 뮤지컬은 2005년 3월 런던 웨스트엔드에서 초연한 이후 뉴욕 브로드웨이, 시카고, 호주 시드니 등을 거쳐 2010년에는 아시아 최초로 한국에서도 처음 선보였습니다.

오페라 〈라보엠〉이 뮤지컬 영화로 변신하다

뮤지컬 〈렌트〉

뮤지컬 〈렌트〉는 푸치니의 오페라 〈라보엠〉을 뉴욕 이스트 빌리지에 사는 가난한 예술가들의 이야기로 각색한 작품인데요. 독립영화 감독, 뮤지션, 공학도, 클럽 댄서, 트랜스젠더 드러머, 행위예술가 등 극 중 인물들은 가난과 에이즈라는 병마

천재 음악가, 감동을 알다

와 싸우며 성장해 갑니다. 〈렌트〉의 원안, 작곡, 작사를 맡은 기획자 조너선 라슨이 브로드웨이 무대 입성 하루 전날 급성 대동맥 혈전으로 요절했는데요. "오늘이 아니면 시간이 없다"는 그의 대사는 유언이 되어 버렸고 1996년 브로드웨이에 진출한 이 작품은 크게 성공했습니다. 〈해리 포터〉 시리즈와 〈미세스 다웃파이어〉 등 가족 영화를 주로 만들어 온 크리스 콜럼버스 감독이 연출한 영화 〈렌트〉는 스타 캐스팅 대신 뮤지컬 〈렌트〉에서 활약한 주연 배우들을 그대로 캐스팅했습니다.

〈오페라의 유령〉
25주년 공연에서의 눈물

〈오페라의 유령〉은 캐머런 매킨토시가 없었다면
불가능한 작품이었어요.

앤드루 로이드 웨버

지난 2011년 뮤지컬 〈오페라의 유령〉은 25주년을 맞았습니다. 지상 최고의 뮤지컬을 기념하기 위해 앤드루의 영원한 페르소나 마이클 크로퍼드와 세라 브라이트먼까지 축하 공연에 참여했는데요. 뮤지컬 〈오페라의 유령〉을 만든 앤드루 로이드 웨버에게 이 작품과 함께한 25년은 돈으로는 절대 환산할 수 없는 가치가 있었어요.

천재 음악가, 감동을 알다

25년 전의 감동을 재현하다

성장 가능성은 충만하지만 누구도 주목하지 않았던 초짜 프리마돈나 크리스틴과 흉측한 얼굴을 마스크로 가린 채 평생을 숨어 살았던 천재 뮤지션 유령의 비극적인 사랑 이야기가 뮤지컬로 탄생한 지도 어느덧 30여 년이 지났습니다. 초연 당시 30대의 젊은 작곡가였던 앤드루도 어느덧 일흔을 바라보는 나이가 되었지요. 이렇게 오랜 세월이 지났지만 뮤지컬 〈오페라의 유령〉은 1986년 초연 이래 영국 웨스트엔드와 미국 브로드웨이에서 여전히 공연 중인데요. 전 세계에서 공연을 본 관객은 총 1억 3000여 명. 그들이 지불한 티켓 비용만도 무려 6조 원이 넘었습니다. 역사상 가장 성공한 뮤지컬이란 말이 무색하지 않을 만큼 뮤지컬 〈오페라의 유령〉이 보여 준 성과는 대단했는데요. 앤드루와 친구들은 뮤지컬 〈오페라의 유령〉 25주년 공연에서 또 한 번의 감동을 선사했습니다.

2011년 10월 마이클 크로퍼드와 세라 브라이트먼이 뮤지컬 〈오페라의 유령〉 25주년 공연에 출연한다는 소식을 들은 관객 5,500여 명이 런던 로열 앨버트 홀에 모였습니다. 이들은 초연 당시 유령과 크리스틴 역할을 맡은 뮤지컬 〈오페라의 유령〉의 페르소나였습니다. 뮤지컬 속 크리스틴처럼 재능 많은 신인 배우였던 세라

앤드루, 이 무대의 주인공은 너야

브라이트먼은 전 세계를 누비는 팝페라의 여제가 되었고, 마이클 크로퍼드 역시 뮤지컬 〈오페라의 유령〉을 대표하는 스타가 됐는 데요. 25년이 지난 뒤 그들은 뮤지컬 〈오페라의 유령〉을 위해 다 시 뭉쳤습니다.

뜨거운 기립 박수를 끝으로 막이 내리는 순간 앤드루가 무대 에 등장했는데요. 사람들은 어마어마한 관객 수와 돈으로 뮤지컬 〈오페라의 유령〉을 판가름하지만 앤드루에게 이 작품과 함께한 25년은 돈으로는 절대 환산할 수 없는 가치가 있었어요. 절판된 지 오래인 원작 소설을 찾기 위해 세계 곳곳 헌책방을 뒤지던 시 절, 처음으로 오페라를 작곡하며 긴장하던 순간들, 언제나 그러하 듯 언론의 우려와 비난을 받으며 작품을 처음 공개하던 무대, 그 리고 브로드웨이 진출을 포기할 각오로 미 배우 조합과 싸우던 시 간까지, 뮤지컬 〈오페라의 유령〉의 25주년은 앤드루가 뮤지컬과 함께한 세월이자 가치였습니다.

관객들의 열화와 같은 박수를 받으며 눈가가 촉촉해진 앤드루 는 그동안 함께해 준 제작자 캐머런 매킨토시와 안무가 질리언 린 그리고 작사를 맡은 찰스 하트와 함께 감격의 순간을 맞이했는데 요. 이틀 동안 펼쳐진 환상의 무대는 미국과 유럽 그리고 일본 곳 곳에 생중계됐고, 영국 박스 오피스 1위를 차지했습니다.

천재 음악가, 감동을 알다

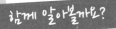

앤드루 로이드 웨버와 친구들

앤드루 로이드 웨버의 곁에는 항상 묵묵히 그를 따라 준 최고의 제작진들이 있었습니다. 나이도 살아온 환경도 모두 다르지만 앤드루와 함께 세계 최고의 무대를 만들어 온 친구들을 소개합니다.

질리언 린(1926~2018)

뮤지컬 역사상 가장 성공적인 작품을 만든 질리언 린은 영국이 낳은 발레리나 겸 댄서였어요. 세계적인 무용가로 성공한 질리언이지만 어린 시절 그는 잠시도 가만히 앉아 있지 못하고 수업 분위기를 망치는 문제아였는데요. 학교 교장은 질리언을 학습 장애아들이 다니는 학교에 보내라고 경고할 정도였어요. 질리언의 어머니는 의사에게 딸의 상태를 상담했는데요. 지금으로 보면 전형적인 주의력결핍과잉행동장애(ADHD)였던 질리언을 의사는 잠시 지켜보기로 했어요. 그리고 어두운 방에서 아름답게 춤추는 그녀를 발견할 수 있었답니다. 댄스 학교에 보내라는 의사의 조언을 따라 질리언 린은 누구보다 열정적으로 춤을 배웠고 가장 성공한 댄서가 되었습니다.

일레인 페이지(1948~)

영국 런던에서 태어난 일레인 페이지는 가수인 어머니와 아마추어 드러머였던 아버지에게 뛰어난 음악적 영감을 물려받았어요. 그녀는 뮤지컬 〈에비타〉의 주인공이자 뮤지컬 〈캣츠〉의 그리자벨라 역할을 맡아 〈메모리〉를 처음으로 부른 배우인 데요. 몇 년 전 〈브리튼스 갓 탤런트〉 경연 대회에서 두각을 보였던 가수 수전 보일이 동경의 대상이라고 밝혀 큰 화제가 되기도 했어요. 일레인 페이지는 뮤지컬 〈에비타〉로 1978년 로런스 올리비에상 뮤지컬 여우주연상을 받았으며 1995년에는 대영 제국이 수여하는 훈장을 받기도 했습니다.

트레버 넌(1940~)

뮤지컬 〈캣츠〉의 연출가인 트레버 넌은 1964년 로열 셰익스피어 컴퍼니에 합류한 후 영국 국립극장의 예술 감독으로 활약한 극작가이자 TV 감독입니다. 뮤지컬 〈캣츠〉와 〈레 미제라블〉, 그리고 연극 〈니콜러스 니클비〉와 〈맥베스〉 등 수많은 공연을 무대에 올렸죠. 트레버 넌은 2002년 영국 문화 예술에 끼친 공로를 인정받아 엘리자베스 여왕에게 기사 작위를 받았고요. 앤드루와는 〈캣츠〉 외에도 〈스타라이트 익스프레스〉, 〈선셋 대로〉, 〈우먼 인 화이트〉 등을 함께 작업했습니다. 한편 트레버 넌은 지난 2008년 한국을 방문했는데요. 문화체육관광부가 주최한 제1회 대한민국 콘텐츠 페어 컨퍼런스에 참여하기 위해서였습니다. 당시 뮤지컬 잡지와 가진 인터뷰에서 그는 공연 창작을 준비하는 학생들을 위해 멋진 말을 남겼는데요. 바로 "그래! 계속해"였습니다.

앤드루 로이드 웨버경,
기부에 눈을 돌리다

작은 버핏이라도 되기를,
특히 연극이나 음악계에
도움이 되길 바랍니다.

앤드루 로이드 웨버

앤드루 로이드 웨버는 2011년에 일어난 청년 폭동을 보고 큰 충격을 받았어요. 사회는 발전했지만 가난 앞에 교육도 문화 혜택의 기회도 얻지 못한 청년들은 더욱 소외되고 있었거든요. 웃으며 물건을 훔치고 서로 싸우는 청년들의 모습은 '병든 사회'가 만든 재앙이었어요. 앤드루는 문화적으로 소외된 청년들을 위한 다양한 기부를 시작했는데요. 앤드루의 기부는 줄어든 예산 때문에 어려움을 겪은 영국 문화 예술인들에게 큰 힘이 되었어요.

병든 사회의 해법, 기부에서 찾다

광활한 초지를 달리는 적토마처럼 앤드루 로이드 웨버가 걸어온 길은 오직 뮤지컬을 향해 달리는 길이었어요. 진행 중이던 작품을 뒤집은 경우는 수도 없이 많았고, 그 과정에서 황금 콤비를 잃기도 했지요. 언제 어디서든 달려올 준비가 되어 있는 역경을 앤드루는 의연한 자세로 받아넘겼어요. 작품을 새롭게 선보일 때마다 언론은 유난스러울 만치 앤드루를 흔들었지만 그에게는 누구보다 튼튼한 자존감이 있었어요. 자신의 재능을 믿고 앞으로 나아갈 줄 아는 저력 덕분에 앤드루는 큰 성공을 거뒀고 또 당장의 실패 앞에 전전긍긍하지 않았죠. 오랜 세월이 흐른 뒤, 자신을 믿고 세상에 맞서던 20대의 청년은 일흔을 바라보는 나이가 되었어요. 그가 성장하고 나이 들어간 50년 동안 수많은 무대가 만들어지고 또 사라지기도 했죠. 하지만 그는 여전히 뮤지컬의 제왕 자리를 내놓지 않았습니다.

그런데 참 신기한 일이죠? 평생 뮤지컬을 만들고 작품의 성공에만 집중하던 그에게 어느 순간부터 주변이 보이기 시작했어요. 타고난 재능은 있지만 집이 가난해서, 때로는 교육 기회가 없어서 방황하는 청년들이 눈에 들어온 거예요. 가난한 청년을 환영하는 사회는 세상 어디에도 없다지만 앤드루가 살고 있는 2010년대의 영국은 더욱 그러했어요.

런던 올림픽을 앞둔 2011년 7월 소수 인종 간의 다툼에서 시작된 폭동으로 무려 2,000명의 사람들이 체포됐어요. 실직자와 소외된 소수 인종 그리고 청소년들까지, 가난한 그들은 장난스러운 얼굴로 물건을 훔치거나 남을 해쳤어요. 앤드루는 청년들의 폭동을 지켜보며 큰 충격을 받았어요. 생애에서 가장 아름다워야 할 시기에 뚜렷한 정체성도 삶의 이유도 없이 시간 가는 대로 살아가는 청년들의 사회는 말 그대로 '병든 사회'였어요.

앤드루는 '앤드루 로이드 웨버 재단'을 통해 문화적으로 소외된 청소년들이 직접 공연을 보고 즐길 수 있는 극장 건립 기금 10만 파운드를 내놓았어요. 앤드루 로이드 웨버 재단은 모든 영국 시민들이 예술 문화 혜택을 누릴 수 있도록 다양한 활동을 펼치고 있는데요. 어린 시절 앤드루에게 소중한 영감을 안겨 준 역사 문화 유적지를 꾸준히 관리하고 보존할 수 있도록 지원하고, 뮤지컬 창작 활동이 활성화되도록 예술 대학의 임직원 월급까지 지원하기도 한답니다. 특히 대학생의 경우, 단순히 장학금만 지원하는 것이 아니라 장학금을 받은 학생들의 이력과 사진을 홈페이지에 공개하고 직업 정보 사이트와 연계해 이들이 전문 배우로 활동할 수 있도록 돕고 있습니다. 배우 양성부터 극장을 만드는 일까지 공연 예술 분야를 키우기 위해 앤드루 로이드 웨버 재단의 활동은 계속

되고 있어요.

공연 예술 지원에 눈을 돌리기 시작한 앤드루는 지난 2010년 아주 특별한 기부를 준비했어요. 사실 앤드루는 미술 작품을 수집하는 취미를 갖고 있었는데요. 1995년경 뉴욕 경매 시장에서 그는 2920만 파운드(약 490억 원)의 돈을 주고 피카소의 걸작 〈앙헬 페르난데스 데 소토 초상화〉를 사들였어요. 이 그림은 1903년경 피카소가 그린 친구의 초상화였는데요. 앤드루는 런던 크리스티 경매 시장에서 3,470파운드(약 582억 원)에 이 작품을 다시 팔아 경매 수익금을 예술 지원 사업에 기부했어요.

기부를 준비하며 앤드루는 이렇게 말했어요.

"피카소의 걸작 판매로 워런 버핏이 될 수는 없겠지만, 작은 버핏이라도 됐으면 좋겠어요. 특히 연극이나 음악계에 도움이 되기를 바랍니다."

혹자는 앤드루의 기부에 대해 '왼손이 한 것을 오른손이 훨씬 더 잘 아는 기부'라고 말하기도 해요. 기부 사실을 공개적으로 많이 드러낸다는 뜻이죠. 또 그가 번 돈이 어마어마한 만큼 앤드루의 기부를 당연하게 여기기도 하고요. 하지만 앤드루의 기부는 정권 교체 이후 줄어든 예산 때문에 어려움을 겪은 영국 문화 예술인들에게 큰 힘이 됐어요. 생활고에 시달리다 창작을 포기한 사람에게는 기회를 주었고 경영난 때문에 문 닫은 예술 단체는 다시 활동

천재 음악가, 감동을 알다

을 시작할 수 있었으니까요.

　앤드루는 그가 가장 사랑하는 예술에서 목적을 잃어버린 청춘들을 위로하고 그들에게 힘을 주는 방법을 찾았어요. 예술은 우리 주변에서 일어나는 많은 문제를 가장 쉽게 평화적으로 해결하는 방법이니까요.

국내의 문화 기부 프로젝트들

현대인의 삶의 질을 결정하는 문화 예술이지만 기부는 그저 먼 얘기로만 들리는데요. '예술 기부'를 확산하기 위한 프로젝트들을 알아볼게요.

예술 기부 플랫폼 '아트서울! 기부투게더'

예술 기부 문화 확산과 우수 예술 프로젝트에 대한 지원을 높이기 위해 서울문화재단에선 온라인 예술 기부 플랫폼 '아트서울! 기부투게더'를 만들었어요. 예술을 사랑하는 사람들의 나눔을 모아 조직한 '아트서울! 기부투게더'는 생계가 어려운 분들에게는 예술을 경험할 수 있는 기회를 주고 예술가의 창작 환경을 보존하는 제도랍니다.

문의처: 02-3290-7000

www.givetogether.sfac.or.kr

크라우드펀딩, 킥 스타터

'크라우드펀딩'이란 익명의 다수 후원자에게 자금을 조달하는 걸 말하는데요. 최근 페이스북 등 소셜미디어가 활성화되고 간편하게 소액 결제가 가

능해짐에 따라 크라우드펀딩에 관심을 갖는 예술인들이 많아지고 있습니다. 특히 크라우드펀딩 사이트인 킥 스타터는 창작 활동 후원을 목적으로 만들어진 플랫폼인데요. 독립영화부터 인디 밴드, 소규모 미술 전시회, 그리고 음식 행사까지 창주 활동이라면 무엇이든 후원할 수 있습니다.

크라우드넷 www.crowdnet.or.kr
해피빈 happybean.naver.com
킥 스타터 www.kickstarer.com

문화 기부 나눔 프로젝트, 문화비타민
공연장을 찾아오기 어려운 사람들을 위

해 전문 공연팀이 문화 소외 지역으로 직
접 찾아가는 프로젝트로, 문화 소외 계층에게 문화 향유 기회를 제공하는 노원문화예술회관의 문화 나눔 사업입니다.

앤드루 로이드 웨버는
지금······

실수를 인정하는 것은 중요하다.
우리는 실수에서 많은 것들을 배우기 때문이다.

앤드루 로이드 웨버

여러 번 실패를 경험한 사람은 다시 도전하기보다는 포기를 선택하기가
쉬운데요. 그 이유는 재도전 이후 벌어질 실패가 두렵기 때문이죠. 그런
점에서 앤드루의 행보는 놀라울 정도예요. 그는 이미 실패작으로 평가받
은 작품을 과감히 고치면서 새 무대를 준비하고 있기 때문인데요. 뮤지컬
이 실패한 원인은 확고한 브랜드가 없기 때문이고 수정과 보완이 언제든
가능하다고 믿는 그는 도전을 즐기는 만년 청년입니다.

천재 음악가, 감동을 알다

도전이 두렵지 않은 일흔 살 청년

앤드루 로이드 웨버의 작품만을 놓고 볼 때 그의 전성기는 뮤지컬 〈오페라의 유령〉을 끝으로 지났다고들 말합니다. 〈오페라의 유령〉과 〈캣츠〉까지 수십 년간 영국 웨스트엔드와 미국 브로드웨이 무대를 석권한 작품은 사실 앤드루가 30~40대 무렵에 만든 뮤지컬인 게 사실이죠. 그런데 중요한 사실은 앤드루 로이드 웨버의 터전인 웨스트엔드는 물론 브로드웨이 역시 그가 없었더라면 지금처럼 번영하지 못했을 거라는 거예요. '제2의 브리티시 인베이전'이란 말이 생길 만큼 청년 앤드루가 만들어 낸 뮤지컬은 TV와 영화에 밀려 위기를 맞은 웨스트엔드 극장을 살렸고, 그 덕분에 런던은 전 세계 관광객이 열광하는 공연 문화의 중심지가 되었습니다.

게다가 클래식과 팝 그리고 재즈까지 앤드루가 선보인 유려한 뮤지컬 음악은 콧대 높기로 유명한 브로드웨이를 휩쓸었어요. 앤드루서는 청년 시절 남긴 부와 명성만으로도 충분히 노년의 삶을 즐길 수 있었을 텐데요. 하지만 그는 부유한 노인이기보다는 삶에 대한 진중함과 타인을 위한 배려 그리고 청춘의 열정을 갖춘 노인이 되길 바랐어요. 다른 사람들은 서서히 은퇴를 준비하는 나이에 앤드루는 뮤지컬 〈봄베이 드림스〉(2002)를 준비했어요. 미라 시

알의 소설을 각색한 이 작품은 봄베이 빈민가에 살고 있는 주인공 아카시가 강인한 여자 프리야와 부패한 영화 제작업자인 그녀의 아버지를 만나면서 쇼 비즈니스 세계에 입문하고 또 좌절하는 과정을 담고 있는데요. 앤드루는 영화감독 세카르 카푸르와 함께 제작에 참여했습니다. 그런데 이 작품은 아주 특이했어요. 〈봄베이 드림스〉의 작곡가는 앤드루가 아니라 영화 음악 작곡가인 A. R. 라흐만이었다는 점이었죠. 뮤지컬 음악의 거장이 작곡을 다른 사람에게 맡기고 뮤지컬 기획에만 참여했다는 게 참 보기 드문 일인데요. 자본과 기획, 연출은 영국에서 담당하고 배우와 작곡자, 안무가는 인도 태생의 무대인들이 주축이 된 뮤지컬 〈봄베이 드림스〉는 인도적인 색채와 누구나 공감할 만한 이야기를 갖춘 작품으로 평가받았습니다. 물론 1980년대 앤드루의 명성을 이어 갈 만큼 큰 이익을 보지는 못했지만 말이죠.

앤드루가 지향하는 가치는 〈오페라의 유령〉 속편이었던 〈러브 네버 다이즈〉 재개막 과정에서 나타납니다. 2010년 웨스트엔드에 첫 막을 올린 이 작품은 〈오페라의 유령〉 속편이라는 말이 무색할 만큼 혹평을 받았는데요. 하지만 그는 새로운 연출 기법을 도입하고 무대 디자인을 수정한 후, 호주에서 다시 도전합니다. 하지만 호주에서도 호응이 없자 2012년도 덴마크 프로덕션에선 호주에서와는 다른 디자인을 선보이기도 했어요.

2008년 <오페라의 유령>을 공연 중인 폴란드 바르샤바의 로마 뮤지컬 극장을
방문한 앤드루 로이드 웨버의 모습

이미 실패작으로 평가받은 작품을 과감히 고치면서 새 무대를 준비하는 앤드루의 행보는 왜 그가 50년 가까운 세월 동안 뮤지컬의 제왕이 될 수 있었는지를 알려 주는 일화가 됩니다. 확고한 브랜드를 갖추지 못했기 때문에 실패했지만, 꾸준한 수정과 보완을 거치면 얼마든지 좋은 작품이 될 수 있다고 믿는 청년 정신이 그에게는 있었던 거죠. 과거의 명성에 기대기보다는 새로운 시도 앞에 항상 도전하고 뮤지컬을 위해 온몸을 바칠 준비가 되어 있는 일흔 살 청년, 앤드루 로이드 웨버! 그가 만든 뮤지컬 왕국의 불빛은 여전히 밝게 빛나고 있습니다.

천재 음악가, 감동을 알다

앤드루 로이드 웨버 같은

공연예술가를 꿈꾼다면

공연예술은 어떤 사람들이
함께 만들어 가나요?

무대에서 이뤄지는 모든 형태의 예술을 '공연예술'이라고 하는데요. 연극, 음악, 무용 그리고 뮤지컬과 오페라에 이르기까지 다양한 장르가 공연예술에 속한답니다. 그럼 한 편의 공연이 무대에 오르기까지 어떤 사람들이 활약하는지 함께 살펴볼까요?

▶ 공연기획자 (제작자)

공연기획을 담당하는 공연기획자는 공연물 운영과 공연장 관리, 그리고 조직 운영 등 공연의 모든 것을 총괄하는 사람이에요. 다양한 분야의 지식이 요구되는데 그중 공연과 경영 지식이 풍부해야 합니다. 또한 이들의 능력에 따라 공연 콘텐츠의 품질과 제작비 확보가 결정되는 만큼 공연기획가는 먼 곳을 바라볼 줄 아는 안목과 기획 아이디어가 있어야 해요. 좋은 공연기획자의 기본은 바로 '책임감과 사명감'을 갖추는 것인데요. 공연기획자가 책임감과 사명감을 갖추고 리더십을 발휘할 때 그 공연의 완성도는 높아집니다.

▶ 극작가

극작가는 공연기획자, 연출가와 함께 공연의 제작 기획에 참여하고 구성과 대본을 담당해요. 공연에 따라 새로운 아이디어와 형식을 개발하는 극작가는 공연의 정체성을 살리고 이를 위한 멘트와 대사 그리고 내레이션을 작성합니다.

▶ 작곡가

공연 특히 뮤지컬에서 음악은 극을 더욱 다채롭게 만들어 주는데요. 뮤지컬이 뮤지컬로 불릴 수 있는 근거는 바로 작곡가가 만든 뮤지컬 넘버가 작품 전체를 관통하고 있기 때문입니다. 앤드루 로이드 웨버처럼 국내에도 김혜성(〈김종욱 찾기〉, 〈오! 당신이 잠든 사이〉), 김문정(〈내 마음의 풍금〉) 등 작곡가들이 활동 중인데요. 작곡가는 작사가와 연출가, 그리고 오케스트라를 직접 지휘하는 음악 감독이 수락한 뮤지컬 넘버를 독자적으로 만들고 완성된 곡들은 스태프 회의와 연습을 거쳐 수정 작업을 합니다.

앤드루 로이드 웨버 같은 공연예술가를 꿈꾼다면

▶ 안무가

안무가는 극 중 배우들의 모든 동선과 등장 및 퇴장을 연출하는 예술가인데요. 다년간 무용수로 실력을 다진 사람 중 안무 창작이 가능한 예술가가 안무가로 활동하게 됩니다. 연출가가 배우들의 무대 장면과 연기에 치중한다면 안무가는 연출가 못지않은 예민한 시각을 가지고 음악을 받쳐주고 때로는 음악을 압도할 만한 춤을 디자인하는 역할을 맡고 있습니다.

▶ 연출가

연출가는 극작가가 쓴 대본과 작곡가가 쓴 음악 그리고 안무가가 창작한 안무를 실제 무대로 재현하는 데 결정적인 역할을 하는 사람인데요. 공연기획자와 가장 관계가 깊은 인물이기도 합니다. 작품 전체를 기획하는 기획자는 연출자와 함께 공연의 전체 콘셉트를 만들고 공연기획부터 상연이 끝나는 순간까지 공연 전체를 이끌어 갑니다.

▶ 배우

극예술을 구성하는 3대 요소 중 하나는 바로 배우죠. 배우가 없다면 극본도, 무대도, 연출가의 역할도 의미가 없고 더 나아가 공연 자체가 불가능할 수 있습니다. 좋은 배우는 작품이 전하는 메

시지를 제대로 파악해 수많은 대사와 춤 그리고 노래를 소화하는
사람입니다.

▶ 무대 장치

무대 장치란 장면 변화, 조명, 음향 그리고 특수 효과 등 공연을
보다 효과적으로 부각시키는 장치를 말하는데요. 무대 장치 스태
프는 무대 디자인과 조명, 음악, 음향, 영상, 특수 효과, 장치, 소
품, 의상, 분장 등 각 분야의 감독과 팀원으로 구성되어 있고요. 이
들은 디자인 단계부터 작품 전체의 의도를 파악하고 공연 제작진
과 충분히 협의해야 합니다.

▶ 홍보마케팅 스태프

홍보 스태프는 공연 작품을 체계적으로 알리는 역할을 맡습니
다. 인쇄, 온라인, 방송 그리고 SNS까지 매체의 특성을 이용해 작
품을 홍보함으로써 관객을 모으고 더 나아가 공연 팬층을 확보하
는 것이 이들의 역할입니다.

공연예술가가 되려면 어디에서 무엇을 공부해야 하나요?

    공연예술가가 되기 위해선 전문적인 교육 기관을 찾아 이론을 배우고 현장 실습 경험을 꾸준히 쌓는 것이 중요합니다. 연극과 뮤지컬 등 공연을 찾는 관객이 증가함에 따라 공연예술가의 꿈을 키우는 청소년들도 늘어났는데요. 여러분이 꿈을 키울 수 있는 교육 기관들을 소개해 드릴게요.

서울공연예술고등학교
(http://www.sopa.hs.kr)

    서울공연예술고등학교는 대한민국 최초로 설립된 공연예술계 특수목적 고등학교인데요. 매년 연극영화, 실용음악, 실용무용, 무대미술과를 희망하는 학생들을 선발하고 있습니다.

학과별 모집 인원 (2020년 신입생)

학과	연극영화과	실용음악과	실용무용과	무대미술과	계
학급 수	2	2	1	2	7개 학급
학급당 정원	38	38	38	38	학급당 38명 (남녀 공학)
모집 정원	76	76	38	76	266명

학과별 모집 인원 (2020년 신입생)

학과	전공	모집 인원	비고
연극영화과	연기 / 영상	76명	
실용음악과	보컬 / 연주	76명	보컬 / 건반 / 관악 / 일렉기타 베이스기타 / 드럼 / 관악
실용무용과	무용	38명	현대 / 실용 / 태권 퍼포먼스
무대미술과	회화디자인 / 무대디자인	76명	서양화 / 한국화 / 디자인 / 무대디자인

안양예술고등학교

(http://anyangart.hs.kr)

1967년에 문을 연 안양예술고등학교는 전국에서 가장 많은 과(연극영화과, 사진영상과, 무용과, 미술과, 문예창작과, 음악과)를 보유한 학교입니다.

앤드루 로이드 웨버 같은 공연예술가를 꿈꾼다면

학과별 모집 인원 (2020년 신입생)

학과	연극영화과	무용과	미술과	문예창작과	음악과	계
학급 수	2	1	2	1	2	8개 학급
학급당 정원	40	40	40	40	40	320명
모집 정원	80	40	80	40	40	320명

국내 공연예술 창작자 교육 기관

❶ 연출가 과정

학교	운영	기간	주요 과목
한국예술 종합학교	한국예술종합학교 연극원 내 연출과에서 담당	• 학부 3년 • 석/박사 과정 2년, 3년제	• 연출 과정에서 발생하는 쟁점 토론 • 주제별 워크숍 개최
중앙대학교	연극영화과 내 연출가 양성 교육 기관	• 4년	• 연출기초, 작품 분석과 연출 방법론 등, 실험극연출 워크숍
동국대학교	극예술과 교과과정 중 운영	• 4년	• 전공기초교과목, 전공심화교과목

❷ 극작가

학교명	운영	기간	주요 과목 내용
한국예술 종합학교	학생 스스로 한 편의 작품을 완성함으로써 창조능력 고취	4년	전공필수, 전공선택, 서사창작 전공필수, 서사 창작 전공선택으로 나눠 개설
서울예술 대학교	문예창작, 디지털스토리텔링, 영상극본창작, 공연극본창작 분야 전문 작가 양성	3년	문예창작, 디지털스토리텔링, 공연극본창작, 영상극본창작교육
추계예술 대학교	문학적 목표와 비전 정립하는 작가 양성 목표	4년	창작 관련 실습 및 과목 배치

❸ 작곡가

학교명	운영	기간	주요 과목 내용
한국예술 종합학교	작가적 사고와 기술적 연마를 위한 양성 교육프로그램을 운영	4년	독보력과 기보력의 능력 향상, 한 가지 이상의 악기를 연주할 수 있는 능력 배양, 창작발표회, 창작곡집 발간 등을 통해 작곡가로서의 경험을 축적
한양대학교	작곡법, 음악이론 등을 집중적으로 연수하여 자신의 전공 분야에서 활동할 수 있는 전문인을 양성하는 교육프로그램을 운영	4년	작곡전공 작곡실기에서는 이론 및 피아노와 특수 악기의 실기향상도 병행
서울예술 대학	음악의 창작 교육과 실습을 통해 무대음악 작곡가(뮤지컬, 무용, 연극) 및 미디어음악 작곡가(영화, 방송, 광고)를 양성하는 교육프로그램을 운영	3년	대중음악과 관련한 교육 과목의 비중이 높아, 미디어 장비의 숙지를 위한 과목 설정

비정규 인력 양성 기관 및 프로그램

❶ 충무아트홀 뮤지컬 전문 아카데미

뮤지컬 극작과 작곡, 연기, 춤 등 뮤지컬 창작 과정을 운영하는 충무 아트홀 뮤지컬 전문 아카데미는 분 야별로 필요한 기초 수업과 멘토링 과정을 운영하고 있어요. 특히 이곳 에선 뮤지컬 극작과 작곡 전공에서 뮤지컬 창작 과정을 전문적으로 공부하고 협업 워크숍으로 실전과 가까운 뮤지컬 무대를 만들

앤드루 로이드 웨버 같은 공연예술가를 꿈꾼다면

고 있답니다.

❷ 한국콘텐츠진흥원 콘텐츠 창의인재동반사업

한국콘텐츠진흥원에선 미래 콘텐츠 산업을 이끌 창의인재 양성을 위해 창작 분야의 멘토를 '플랫폼 기관'으로 선정해 창작자들의 도제식 멘토링을 지원하고 있습니다. 플랫폼 기관을 통해 전문가(멘토)와 의교육생(멘티)을 매칭하는 이 프로그램에서 창의교육생(멘티)은 플랫폼 기관과 근로 계약을 체결해 다양한 프로젝트에 참여할 수 있고요. 진로 상담, 취업 알선, 창직/창업 멘토링 등 다양한 경력 경로 코칭을 받을 수 있습니다.

❸ 한국뮤지컬협회 K 뮤지컬아카데미

현장 종사자와 뮤지컬 분야로 꿈을 키우는 이들의 실무 능력 향상을 목표로 운영하는 한국뮤지컬협회 K 뮤지컬 아카데미는 뮤지컬 작사/작곡, 뮤지컬 배급/유통, 공연프로듀서 과정, 공연마케팅 과정을 운영하고 있어요. K 뮤지컬 아카데미의 수강생들은 고용보험에 가입되어 있는 문화 예술 관련 분야 근로자를 대상으로 진행하고 있으며, 수강료를 고용노동부에서 전액 무료로 지원하고 있습니다.

※ 참고 자료
한국문화관광연구원 전병태, 〈공연예술 분야 창작과 인력양성방안〉

앤드루 로이드 웨버 같은 공연예술가를 꿈꾼다면

대한민국의
뮤지컬 제작자들

화려한 무대와 흥겨운 음악 그리고 관객을 흥분하게 하는 퍼포먼스까지 뮤지컬 한 편 뒤에는 기획부터 제작 전반을 책임지고 이끌어가는 공연 제작자가 있습니다. 숱한 어려움 속에 창작극을 만들고 한국 관객이 열광하는 라이선스 뮤지컬 발굴에 힘을 기울이는 대한민국의 공연 제작자들을 소개합니다.

한국 뮤지컬의 대부, 윤호진

윤호진 에이콤 대표는 '한국 뮤지컬의 대부'라는 말이 걸맞은 제작자입니다. 뮤지컬 한류의 시작을 알린 〈명성황후〉부터 최근 안중근과 이토 히로부미의 삶을 다룬 뮤지컬 〈영웅〉까지 윤호진 대표는 가장 한국적인 소재를 세계 시장에 알린 제작자인데요. 극단 실험극장의 간판 연출가였던 그는 1982년 한국문화예술진흥원의 연수 프로그램으로 웨스트엔드를 방문했다가 뮤지컬 〈캣츠〉를 보고 큰 충격을 받았다고 합니다. 세계 어디에서도 경쟁력 있는 창작 뮤지컬을 제작하겠다고 결심한 윤호진 대표는 〈명성황후〉 이후 〈겨울 나그네〉, 〈몽유도원도〉 등 다양한 작품을 선보였습니다. "관객이 지루하지 않게 물리적인 시간을 상징적인 시간으로 바꾸자는 생각으로 살다보니 평생 바빴다. 작품을 만드는 즐거움 때문에 일흔이라는 물리적인 시간을 잊어버린 것 같다"고 말하는 그는 한국 뮤지컬 시장의 증인이자 살아 있는 역사가 되고 있습니다.

'실험 뮤지컬'의 선두주자, 박용호

박용호 (전)뮤지컬 헤븐의 대표는 〈쓰릴 미〉, 〈스위니 토드〉, 〈스프링 어웨이크닝〉 등 해외 작품은 물론 〈번지점프를 하다〉, 〈파리의 연인〉 등 작품성을 인정받은 창작극을 만든 제작자입니다. 창작 뮤지컬의 성공 사례로 꼽히는 〈김종욱 찾기〉 역시 그의 손을 거쳐 탄생한 작품인데요. 다분히 실험적이란 평가를 받는 탓에 박용호 제작자가 제작한 작품들 대다수는 열광적인 마니아를 모았지만 흥행으로 이어지지는 못했습니다. 결국 그는 2014년 뮤지컬 〈헤븐〉

의 법정 관리를 신청하게 됩니다. 1년 후 공연 무대에 복귀한 그는 뮤지컬 〈쓰릴 미〉와 〈스위니 토드〉 흥행에 성공하고 최근에는 연극 〈타지마할의 근위병〉을 무대에 올렸는데요. "나는 공연계의 선댄스(미국의 독립영화제)를 꿈꾼다"고 말하는 박용호 제작자는 대한민국 공연계를 보다 풍성하게 만든 제작자입니다.

뮤지컬계의 돈키호테, 신춘수

한국 뮤지컬 제작자 2세대인 신춘수 오디컴퍼니 대표는 넘버원 히트 제작자로 알려졌어요. 해외 작품의 라이선스를 사들여 자신만의 방식으로 재가공한 뒤 상영하는 그의 제작 방식은 한국 공연 시장에 큰 반향을 일으켰습니다. 신춘수 제작자가 만든 뮤지컬 〈지킬 앤 하이드〉가 대표적인 작품이었죠. 브로드웨이에서는 크게 흥행하지 못한 〈지킬 앤 하이드〉는 주연 배우 조승우를 일약 스타덤에 올려놓았고 작곡가인 프랭크 와일드혼 역시 그 덕분에 한국 시장에 알려졌습니다. 2001년 오디컴퍼니를 설립한 신춘수 대표는 2009년 한미합작 첫 뮤지컬 〈드림 걸스〉를 제작했고 '멀티 캐스팅'을 처음 도입한 제작자이기도 한데요. 세계 시장 진출을 꿈꾸는 그는 2014년 〈할러 이프 야 히어 미Holler If Ya Hear Me〉, 〈닥터 지바고〉에 이어 브로드웨이 공연 시장 재도전을 준비 중입니다.

뮤지컬 마케팅의 신화, 엄홍현 & 김지원

뮤지컬 〈모차르트〉, 〈엘리자벳〉, 〈레베카〉 그리고 〈몬테크리스토〉와 〈마타하리〉까지 지난 2009년 문을 연 EMK 뮤지컬 컴퍼니의 엄홍현, 김지원 제작자는 브로드웨이와 웨스트엔드에서 벗어나 유럽 뮤지컬의 성공 신화를 쓴 제작자입니다. 지난 2010년 아이돌 그룹 출신의 김준수를 뮤지컬 〈모차르트〉에 캐스팅한 것을 시작으로 스타 캐스팅을 활용한 마케팅과 한국에는 잘 알려지지 않은 실베스터 르베이의 작품을 성공으로 이끌었으며 제작비 125억 원을 쏟아 부은 창작 뮤지컬 〈마타하리〉로 뮤지컬 시장을 한층 업그레이드했다는 평가를 받고 있습니다.

앤드루 로이드 웨버 같은 공연예술가를 꿈꾼다면

뮤지컬 제작 과정

한 편의 뮤지컬이 완성되기 위해선 기획부터 마케팅, 그리고 결산까지 주도하는 제작프로듀서의 역할이 절대적이라고 볼 수 있는데요. 그럼 한 편의 창작 뮤지컬이 어떤 단계를 거쳐 제작되는지 알아볼까요?

❶ 제작프로듀서 기획

창작 뮤지컬의 제작은 제작프로듀서의 기획부터 시작됩니다. 이때 제작프로듀서는 순수 창작물을 기획할 수도 있지만 기존 소설이나 드라마, 영화 시나리오의 각색을 준비하기도 합니다.

앤드루, 이 무대의 주인공은 너야

❷ 주요 제작진 구성하기

작품 방향과 제작 규모를 기획한 제작프로듀서는 작품을 이끌어 갈 작가와 작사가 그리고 작곡가 등 제작진을 섭외합니다.

❸ 작가 대본 작업

작가는 작품의 스토리라인을 만들고 극을 구성합니다.

❹ 작곡 및 작사 작업

작가의 대본 작업이 끝나면 작곡가와 작사가는 이야기에 맞는 곡과 가사를 만듭니다.

❺ 안무, 음악감독 등 제작진 구성

대본과 음악이 상당 부분 진행되면 안무가와 음악감독 등 작품을 이끌어 갈 제작진을 선정합니다.

❻ 배우 오디션 및 주요 배역 결정

작품을 이끌어 갈 배우는 오디션으로 결정합니다.

❼ 제작발표회

배우 캐스팅이 마무리될 때쯤 작품 소개와 공연 일정 그리고 주요 캐스팅을 언론에 공개하는 제작발표회를 엽니다. 최근에는 공연을 앞두고 리허설을 할 무렵에 제작발표회를 갖는 경우가 많아지고 있습니다.

❽ 연습

배우는 꼼꼼한 작품 분석을 거쳐 노래와 춤, 연기 연습에 몰입하게 됩니다.

❾ 블로킹

배우의 출입이나 세트 움직임, 음악, 조명, 특수 효과 등 무대에서 벌어지는 모든 상황을 맞춰 봅니다. 이때 배우들끼리, 그리고 배우와 제작진 사이의 조화가 중요합니다.

❿ 리허설

- 오케스트라 리허설: 실제 오케스트라의 연주를 들으며 연기하는 것으로 본격적인 무대 적응 연습이 필요한 단계입니다.
- 드레스 리허설: 실제 무대 의상을 입고 연습하는 단계로 최종 리허설이라고 볼 수 있습니다. 배우 출입, 세트 움직임, 음악, 특수 효과, 조명 등을 최종적으로 점검합니다.

⑪ 프리뷰

기자, 평론가, 홍보 관계자, 일부 관객을 초청해 공연을 갖는 것으로 특히 정식 공연 전 시험적으로 올리는 공연을 트라이 아웃 Try out이라고 하는데요. 관객은 할인된 가격으로 공연을 즐기고 공연제작진은 관객의 반응을 보며 극을 수정하기도 합니다.

⑫ 공연

공연예술가 모두가 그동안의 연습과 노력을 보여 주는 순간!

연출가는 객석에 앉아 공연 진행을 관찰하고 개선점을 찾아 다음 공연에 반영합니다.

공연예술가!
무대 위에 꽃을 피우다

    공연을 이끌어가는 연출가, 스토리를 만드는 극작가 그리고 무대에 올라 공연을 진행하는 배우까지, 다양한 사람들이 공연 한 편을 위해 최선을 다하고 있는데요. 무대 위에 꽃을 피우는 공연예술가들을 직접 만나 봤습니다.

유희성 연출가

❶ 한국뮤지컬협회는 어떤 단체인지 설명 부탁드립니다.

뮤지컬협회는 한국뮤지컬 활성화를 위한 토대를 위해 1996년 10월 26일 만들어졌습니다. 국내외 기관과 연계하여 뮤지컬 전문 인력을 양성하고 뮤지컬 저변 확대를 위한 뮤지컬 관객 개발에 힘쓰고 있어요.

❷ 연출하신 뮤지컬 〈모차르트〉 외에 어떤 작품에 참여하셨는지 궁금합니다.

저는 뮤지컬 배우 출신 연출가예요. 대표 출연작으로는 〈명성황후〉, 〈심청〉, 〈겨울 나그네〉 등이 있고 연출작으로는 뮤지컬 〈로미오와 줄리엣〉, 〈투란도트〉, 〈피맛골 연가〉, 〈바리〉, 〈소나기〉, 〈바람과 함께 사라지다〉, 〈애니〉, 〈오즈의 마법사〉 등이 있습니다.

❸ 공연계에는 어떻게 입문하게 되셨나요?

대학 졸업 후 광주시립극단에 입단하게 됐어요. 그리고 이듬해 독일 칼스루에 국립극장 초청으로 〈다시라기〉라는 작품을 공연하러 갔는데 거기서 독일의 민족가극을 보고 한국적 뮤지컬을 개발해야겠다는 강력한 의지를 갖게 됐죠. 그래서 1987년에 한국 전통을 바탕으로 한 총체음악극을 표방한 서울예술단에 입단하게 되었고 그 후로 계속 뮤지컬계에서 활동하고 있습니다. 그동안 서울예술단에서 20년 동안 배우로 활동했고, 서울시립뮤지컬단 단체장, 그리고 백제예술대학, 동서대학교, 청강문화산업대학교 등에

앤드루 로이드 웨버 같은 공연예술가를 꿈꾼다면

서 후학을 양성했으며 2002 여수엑스포 개회식, 제주세계델픽문
화올림픽, 2014년 세계ITI총회 등을 연출했습니다.

❹ 공연 문화, 특히 뮤지컬에 관심 있는 청소년들이 많아졌는데요. 공연예술가로 일하기 위해서 필요한 조건에는 어떤 것들이 있을까요?

뮤지컬은 노래, 연기, 춤을 골고루 터득하여 총체적으로 연기해
야 하기 때문에 많은 노력과 배움이 필요합니다. 특히 연출은 뮤
지컬 배우로서의 기질과 제작진을 리드할 수 있는 감각과 기술을
갖춰야 하기 때문에 많은 공부와 학습이 필요해요. 인문학은 물론
이고 공연철학과 미술, 무용, 연극, 음악, 회화 등 다른 공연이나
예술 장르의 이해와 협업이 필수적이기도 합니다.

❺ 뮤지컬 연출가로 입문하려면 어떤 교육 절차를 거쳐야 하는지요?

일단 뮤지컬의 정확한 이해와 경험이 필요하기 때문에 인문학
과 철학, 기술과 과학의 활용을 통한 공연예술의 리더로서의 소양
과 감각을 익힐 수 있는 교육을 받아야겠지요. 연극의 이해와 공
연미학, 그리고 인문학 등의 소양은 물론이고 배우와 제작진에 대
한 이해와 경험, 그리고 작품의 콘셉트와 방향을 정하고 전체를
아우르고 지속할 수 있는 총체적 예술 소양을 기를 수 있는 교육
을 받는 것이 필요합니다.

❻ 대한민국 공연계는 어렵다는 말들을 많이 합니다. 경험하고 계시는 공연계의 현실은 어떻습니까?

공연계는 항상 어려웠지만 자국의 정신과 문화를 일구는 직접적인 현장이기도 합니다. 사회를 리드할 수 있고 사람들의 정신과 삶을 풍요롭게 하고 인간다운 상식을 지키며 평화롭고 아름답게 할 수 있는 것이 문화의 중심 역할이지요. 그런 의미에서 공연계는 힘들지만 참으로 의미 있고 바람직한 인간의 삶을 영위하기 위한 삶의 터전입니다.

❼ 뮤지컬 배우에서 연출가, 그리고 한국 공연 문화 발전을 이끄는 리더로 청소년들에게 해 주고 싶은 조언이 있다면요?

뮤지컬은 인간을 인간답게 살게 하며 예술적 향기와 삶의 아름다움을 적극적으로 표출할 수 있는 공연예술의 꽃입니다. 배우나 스태프, 그리고 연출가로서의 삶이 결코 녹록하진 않지만 본인이 즐기며 행복해질 수 있으며, 많은 사람에게 위안과 희망을 줄 수 있는 의미 있고 위대한 작업이기도 합니다. 아름다운 삶을 꿈꾸는 누구나 뮤지컬계에 입문할 수 있고, 나로 인해 공연계와 세상이 더 아름답게 풍성해질 수 있습니다.

앤드루 로이드 웨버 같은 공연예술가를 꿈꾼다면

김민정 작가

❶ 간단한 본인 소개 부탁드립니다.

이름은 김민정이고요. 1974년생이고, 호랑이띠, 희곡과 오페라 대본을 쓰고 있고, 연극배우 남편과 초등학교 5학년 딸과 2학년 아들과 함께 살아가고 있습니다.

❷ 극작가로 활동하시게 된 계기가 궁금합니다.

초등학교 때 막연히 작가가 되고 싶다고 생각했었는데, 시인이 셨던 담임 선생님 영향으로 글짓기 대회를 나가 곧잘 상을 타 왔 거든요. 워낙 시골이라 영화관에서 영화를 볼 기회도 없었는데 대학을 국문과로 가면서 과내에 있는 연극 동아리를 하게 되었어요. 1학년 때 연기로, 2학년 때는 연출로 참여하면서 즐겁고 인상적인 경험이 되어, 그 후로 희곡도 찾아 읽고 대학로로 공연도 보러 다니면서 자연스럽게 희곡을 쓰게 됐어요.

스물여덟의 늦은 나이에 한예종(한국예술종합학교) 전문사 극작과에 입학하게 됐는데요. 희곡을 쓰고 연습하고 공연하는 모든 과정을 전문적으로 배울 수 있어서 정말 재밌었어요. 졸업 시험으로 세 작품이 통과되어야 하는데, 그 졸업 작품이 국립극단 신작희곡

페스티벌 공모에 당선되면서 극작가로 활동하게 되었어요. 〈가족의 왈츠〉라는 작품입니다. 졸업 작품 세 편 중 다른 한 작품이 〈해무〉였습니다.

❸ 극작을 할 때 어떤 과정을 거치는지 궁금한데요.

극작의 과정은 일단 소재와 주제를 정하고, 자료 조사 등을 거치고 나서 시놉시스를 써 보고, 무대도 대강 스케치해 보고 장면 쓰기를 진행합니다. 초고가 나오고 나서 몇 번의 수정의 과정을 거치지요. 제작 일정이 나오고 연출이나 디자이너 등 스태프가 구성되면 여러 번의 회의를 거쳐 희곡을 수정합니다. 그 대본으로 배우들과 리딩 연습을 시작하는데요. 희곡만을 읽는 연습을 몇 주가량 하고 연기 연습인 장면 연습을 하게 됩니다. 무대와 조명들이 극장에 세워지면 공연을 시작하는데, 그 기간 동안 조금씩 수정할 부분이 생기면 언제든지 함께 회의하고 수정합니다. 극작의 과정은 가장 먼저 시작되지만 그 끝과 완성은 공연이 끝날 때까지 계속되지요.

❹ 연극이나 뮤지컬 분야에서 일하기는 참 힘들다는 말들을 합니다. 일의 강도나 경제적인 관점에서 하는 얘기들일 텐데요. 작가님께서 느끼는 실상은 어떠한지요?

앤드루 로이드 웨버 같은 공연예술가를 꿈꾼다면

'열정페이熱情pay'라는 말이 있죠. 열정을 가지고 있는 사람들이 적절한 보상을 받지 못한 상태에서도 열심히 일하는 현상을 말하는 것일 텐데요. 연극이나 공연계의 열정페이는 아주 오래된 관행이죠. 불행하게도. 대부분 좋아하니까 힘듦에도 불구하고 떠나지 못하고 일한다고 합니다. 무대는 빛나지만 무대 뒤의 삶은 녹녹치 않지요. 일의 강도에 비해 적절한 보수를 받지 못하는 경우들이 많습니다. 제작 환경이 어려운 단체들이 많으니까요. 저도 데뷔 초기에는 동화책 윤색을 비롯한 아르바이트를 많이 했었습니다. 지금은 그것들을 줄였지만 넉넉함을 기대할 수는 없는 업종이에요.

그럼에도 불구하고 공들여 작업한 작품이 관객들의 환호와 박수를 받을 때면 생활고를 잊고 '희열'을 느끼게 되죠. 직업이 나에게 임금 이상의 보람과 희열을 주기 때문에 이 일을 하게 되는 것 같아요. 차후에는 예술가들이 최저의 생활은 할 수 있는 사회 시스템이 잘 만들어지면 좋겠다고 생각합니다.

❺ 연극은 물론 오페라 대본까지 작업하시는 걸로 아는데요. 극작에 있어서 어떤 차이가 있나요?

오페라 대본은 클래식 음악을 공연의 도구로 사용하는 극음악이죠. 일반 희곡처럼 극 형식이지만 대사만 하는 것이 아니라 오케스트라 반주에 맞춰 노래를 한다는 게 달라요. 대사뿐만 아니라 가사도 써야 하고, 극적 구성을 할 때도 음악을 염두에 두어야 합니다.

연극도 종합 예술이고 창작자들이 협업을 해야 하지만, 오페라는 특히 작곡가와의 협업이 굉장히 중요합니다. 작가가 글을 쓰면 작곡가는 그 길에 음을 입히고 곡을 쓰는 사람이니까요. 뿐만 아니라 성악가과 오케스트라 연주자, 지휘자, 무용수, 연출과 스태프 등과 협업을 잘 해내야 하는 과정이 매우 중요한 작업입니다.

❻ 극작가가 되려면 꼭 필요하다고 생각하시는 게 있나요?

극작가가 되려고 한다면 우선은 '연극'이라는 장르에 대해 잘 알아야 합니다. 무대를 경험해 보고, 연극 전반에 대해 알고 있는 게 도움이 되죠. 시나리오를 쓰려면 영화에 대해 잘 알아야 하고요.

한 가지 더 이야기하면 주변 사람들과 사회 그리고 자기 자신에 대한 통찰이 있어야 할 것 같아요. 결국 이건 무엇을 쓸까에 대한 문제인데, 극장에 들어선 관객에게 어떤 이야기를 들려줄까를 생각할 때 '감동'을 전하기 위해서는 좋은 이야기꾼이 되어야 하고, 좋은 이야기꾼이라면 인생의 비밀, 혹은 진실, 혹은 철학적 통찰의 시선을 가지고 있어야겠죠.

앤드루 로이드 웨버 같은 공연예술가를 꿈꾼다면

이정혁 배우

❶ 간단한 자기소개 부탁드려요.

안녕하세요. 18살 때 뮤지컬을 처음 꿈
꾸고 지금은 여러 뮤지컬의 앙상블로
활동 중인 28살 이정혁입니다.

❷ 어떤 작품들에 출연하셨는지요?

데뷔작은 소극장 뮤지컬 〈카페, 봄날의 곰〉에서 카페 알바생 역
으로 시작했습니다. 그 뒤 뮤지컬 〈브로드웨이 42번가〉, 〈초희〉,
〈마타하리〉, 〈오! 캐롤〉에 참여했어요.

❸ 어떻게 뮤지컬 배우에 입문하게 되었는지요?

진지하게 뮤지컬 배우를 꿈꾼 건 학교 축제 때 아주 짧게 뮤지컬
〈그리스〉의 대니 역으로 무대에 서게 되면서였어요. 소심하고 부
정적이고 삶에 욕심이 없던 제가 당당하고 긍정적인, 역동적인 사
람으로 바뀌더라고요. 뮤지컬은 사람을 바꿀 수 있는 힘을 가졌고
그 매력에 저는 진지하게 뮤지컬 배우를 해야겠다는 생각이 들었
습니다.

❹ 뮤지컬 학과에서는 어떤 과정을 공부하는지요?

저는 뮤지컬과가 아닌 연극영화과를 나왔습니다. 연극영화과에서는 공연예술에 관한 모든 것을 접할 수 있어요. 공연예술의 역사와 이론, 배우가 되기 위한 실기 훈련은 기본이고요. 그 외에 연출법, 극작법, 무대미술 등 총체적인 예술을 위한 공부가 이루어집니다. 교수님들을 중심으로 학우들과 함께 직접 공연을 제작하고 발표하기도 합니다. 이는 프로 무대로 나가기 전의 아주 중요한 공부 과정입니다.

❺ 뮤지컬 배우로 데뷔하기 위해선 어떤 과정이 필요한가요?

오디션에 합격하는 것밖에 없지 않을까요? 하하. 저에겐 첫걸음이 가장 힘들었던 것 같아요. 오디션이 있을 때마다 다 지원했는데 모두 떨어졌어요. 언젠가는 붙으리라 이를 갈며 항상 실기 연습을 했던 것 같습니다. 실제로 오디션을 보면서도 제가 늘고 있다는 느낌을 받았죠. 매번 좋은 결과를 위해 열심히 연습하고 노력했던 것 같습니다.

❻ 뮤지컬에도 대형 뮤지컬과 대학로 소극장 뮤지컬이 있다고 들었는데요. 배우 입장에서 어떤 차이가 있는지요?

가장 큰 차이는 마주하는 관객의 인원이겠지요! 그리고 배우 입

앤드루 로이드 웨버 같은 공연예술가를 꿈꾼다면

장에서 보자면 그 관객을 만족시키기 위한 적절한 연기가 각각 차이가 있을 것 같네요. 소극장에서는 관객들이 세밀한 감정 표현이나 호흡을 가까이서 같이 느낄 수 있지만, 대극장에서는 너무 멀어 관객들에게 적극적이고 과장된 표현이 요구되거든요. 그래서 대극장에서 하던 연기 방식이 소극장에서는 다소 과장되고 부담스럽게 느껴질 때도 있죠. 모든 배우들이 그렇게 하는 것은 아닙니다. 대극장에서도 자연스러운 연기를 추구하고 그렇게 표현하시는 분들도 많습니다. 아직은 저도 배워야 하는 단계이니 뭐가 정답인 것은 모르겠지만요. 저는 대극장이든 소극장이든 관객들에게 친절한 연기(적극적이면서 부담스럽지 않은)를 보여 줘야 한다는 생각이 듭니다.

❼ 흔히 연극이나 뮤지컬 배우가 되는 일은 너무 배고픈 일이라고들 하는데요. 실제 모습은 어떠한지 궁금합니다.

가장 민감한 질문입니다만. 절대 아니라고 못 하겠습니다. 하하. 저처럼 이제 막 데뷔하고 경력이 많지 않은 대다수의 배우들은 정말 힘든 것 같습니다. 항상 일이 고정적으로 있는 직업도 아닐뿐더러 일이 있어도 한 달 생활비로는 턱없이 부족한 돈을 받으면서 하고 있습니다. 그래서 대부분의 배우들은 투잡은 기본으로 하고 있지요. 그렇지만 꼭 돈이 중요한 건 아니잖아요? 그럼에도 우리 배우들이 계속 도전하고 무대에 설 수 있는 것은 돈으로 계산할 수 없는 보람을 얻을 수 있기 때문인 것 같아요. 그게 원동력이고 살아가는 힘이죠! 무대에 있으면 행복합니다!

❽ 뮤지컬 배우가 갖춰야 할 덕목이 있다면요?

고등학생 때 처음 뮤지컬을 배우려고 입시 학원을 다녔는데 그때, 저의 첫 스승님이셨던 남경읍 선생님이 말씀하셨어요.

"배우가 되기 전에 사람이 되어야 한다!"

그 당시 '사람'이 의미하는 것이 개개인의 성품을 말하는 것이라고 이해했어요. 여러 사람이 함께 작업하는 총체적인 종합 예술에서 성품이 모난 사람은 다른 사람을 매우 힘들게 하겠지요. 또 요즘에 드는 생각은 배우란 직업은 사람(캐릭터)을 표현할 줄 알아야 하는데, 그러려면 사람(보편적인 인간)에 대해서 잘 알고 이해해야겠다는 생각이 들어요. 결국 첫째는 좋은 성품! 둘째는 관찰력! 그리고 세 번째가 실력이겠지요!

❾ 내 인생의 뮤지컬 내지는 배우를 꿈꾸는 청소년들이 꼭 봐야 할 작품을 추천해 주신다면요?

제 인생의 뮤지컬은 캐머런 매킨토시가 제작하고 앤드루 로이드 웨버가 작곡한 〈오페라의 유령〉입니다. 화려한 쇼적인 장면뿐 아니라 인간의 연민과 사랑 등을 주인공 '팬텀'을 통해 아주 애절하게 표현한 뮤지컬입니다. 추천하고 싶은 또 다른 뮤지컬은 《오즈의 마법사》 이야기를 재구성한 〈위키드〉예요. 이 두 뮤지컬은 뮤지컬이라는 장르를 제대로 보여 줄 수 있는 작품이라 생각합니다.

대한민국
창작 뮤지컬의 힘

"한국 뮤지컬 시장에선 라이선스 뮤지컬만이 살아남는다"는 말은 뮤지컬 업계에 정설이 되었어요. 하지만 대형 라이선스 뮤지컬만을 인정하던 공연 시장에 큰 파란이 일어났습니다. 한국 무대는 물론 중국을 비롯한 세계 무대로의 도약을 시작한 작품들을 소개할게요.

〈여신님이 보고 계서〉

2013년 초연한 뮤지컬 〈여신님이 보고 계서〉는 2011년 CJ 크리에이티브상, 2013년 서울뮤지컬페스티벌 예그린앙코르에 선정된

앤드루 로이드 웨버 같은 공연예술가를 꿈꾼다면

작품입니다. 한국전쟁이 한창이던 시절 인민군 포로를 포로수용소로 이송해야 하는 국군 대위 한영범은 부하 신석구와 함께 이송선에 오릅니다. 하지만 포로들은 이송선에서 폭동을 일으키고 엎친 데 덮친 격으로 이송선까지 고장 나 이들은 무인도에 도착하게 됩니다. 유일하게 배를 고칠 수 있는 사람은 전쟁 후유증으로 정신이 오락가락하는 이순호였고 그를 안정시켜 주는 건 환상 속에서 만난 여신의 존재였습니다. 서로가 총을 겨누던 국군과 인민군은 생존을 위해 순호가 그리는 상상 속 여신을 만들어 가는데요. 풋풋한 첫사랑과 아내 그리고 고향에 두고 온 어머니까지, 다양한 존재로 태어난 여신들은 순호는 물론 전쟁 통에 황폐해진 병사들의 마음을 서서히 치유해 줍니다.

〈김종욱 찾기〉

지난 2006년 초연한 뮤지컬 〈김종욱 찾기〉는 소극장 로맨틱 코미디의 정석이라 불리는 작품입니다. 한국 뮤지컬 중 유일하게 영화로도 제작된 이 작품은 소극장 무대의 묘미를 살려 1인 다역의 배우가 등장해 일명 '멀티 맨' 캐릭터를 유행시켰습니다.

7년 전 운명의 사랑을 만나기 위해 떠
난 인도 여행에서 여주인공은 운명의
남자 '김종욱'을 만나는데요. 여행지에
서 김종욱과 헤어진 여주인공은 오랜
시간이 흐른 뒤에도 그를 잊지 못합니
다. 결국 결혼을 강요하는 아빠의 강요

에 못 이긴 그녀는 첫사랑 김종욱 찾기에 나서는데요. 과연 그녀
는 김종욱을 찾아 사랑을 이룰 수 있을까요?

〈빨래〉

한국예술종합학교 연극원 졸업 작품에
서 시작된 뮤지컬 〈빨래〉는 씨에이치수박
이 제작한 창작뮤지컬입니다. 서울 소시
민의 삶을 따뜻하게 그린 이 작품은 서점
에서 일하는 나영과 몽골 출신 이주 노동

자 솔롱고를 중심으로 가진 자와 못 가진 자의 충돌, 그리고 그 속에
서 피어난 사랑 이야기를 다루고 있어요.

아무리 더러운 옷이라도 빨래를 하면 깨끗해지는 것처럼 돈과 힘
의 논리로 짓밟힌 소시민의 삶 역시 희망적일 수 있음을 보여 준 이

뮤지컬은 지난 2005년 국립극장 열오름 극장에서 첫선을 보였고요.

2012년 2월에는 일본 도쿄의 미스코시 극장에서 상연됐어요.

앤드루, 이 무대의 주인공은 너야

추천할 만한
공연 전문 도서

뮤지컬 S.O.S

청소년을 위한 공연문화예술 교재

최은영 지음 | 책과나무

《뮤지컬 S.O.S》는 뮤지컬 제작에 관심 있는 청소년들을 위한 공연문화예술 교재인데요. 당장 뮤지컬 배우를 꿈꾸거나 뮤지컬 제작에 관심이 있더라도 공연을 제작하고 특정 무대에 올리는 일은 힘든 일이지요. 이 책에는 창작 뮤지컬 제작에 관심 있는 청소년들을 위한 제작 노트와 뮤지컬 대본 그리고 악보가 수록돼 있어요. 특히 꿈을 이루려면 막연히 생각만 할 것이 아니라 자신의 꿈 노트를 마련해 구체적으

앤드루 로이드 웨버 같은 공연예술가를 꿈꾼다면

로 적어 두라는 저자의 말은 공연기획자나 배우를 꿈꾸는 청소년이라면 꼭 새겨 두어야 할 조언이 아닐까 싶은데요. 막연히 공연 제작자 또는 배우를 꿈꾸는 청소년이라면 과감히 청소년 창작 뮤지컬 제작에 참여해 보는 건 어떨까요? 창작의 고통과 무대 위에서의 환희를 맛보다 보면 어느새 여러분도 모르고 있던 재능을 발견할지도 모릅니다.

Point 내 안의 숨겨진 재능을 발견하라! 공연에 참여하면서 얻는 창의적 사고력과 친구들과의 소통은 덤!

뮤지컬 배우는 어떻게 탄생하는가?
브로드웨이 배우들의 뮤지컬 교과서

로코 달 베라, 조 디어 지음 | 이계창 옮김 | 지식공간

춤과 연기 그리고 노래까지 되는 팔방미인 내지는 완전체!

뮤지컬 배우를 두고 하는 말인데요. 〈미스 사이공〉의 레아 살롱가, 〈지킬 앤 하이드〉의 류정한이나 조승우의 무대를 본 관객이라면 한 번쯤은 뮤지컬 배우가 지닌 저력을 실감하게 됩니다. 특히 한국 뮤지컬은 아이돌 그룹 출신 김준수가 뮤지컬 시장에 들어온 이후 이전보다

훨씬 더 대중과 가까운 공연예술이 되었고 JTBC 오디션 프로그램 〈팬텀싱어〉의 성공으로 뮤지컬 배우를 장래희망으로 꼽는 청소년들도 많아졌는데요. 《뮤지컬 배우는 어떻게 탄생하는가?》는 뮤지컬 배우를 꿈꾸는 지망생이 오디션으로 첫 역할을 맡기까지 꼭 알아 두어야 할 과정을 기록한 책입니다. 이 책은 뮤지컬 연기의 기초와 뮤지컬 음악의 가사와 드라마적인 구조 분석, 그리고 제스처와 시선 처리법 등 리허설 과정에 필요한 과정을 단계별로 다루고 있습니다.

Point 뮤지컬 배우가 되는 과정 A to Z!
이론 습득보다는 실전 연습이 필요한 배우 지망생에게는 필수!

뮤지컬 이야기

흥미진진한 브로드웨이 뮤지컬 100년사

이수진, 조용신 지음 | 도서출판 숲

《뮤지컬 이야기》는 인류 최초의 뮤지컬부터 최근 브로드웨이와 웨스트엔드에서 흥행 중인 작품을 조목조목 들여다본 뮤지컬 백과사전입니다. 뮤지컬의

거장과 최신 경향 그리고 흥행 코드까지 세계 곳곳에서 사랑받는

앤드루 로이드 웨버 같은 공연예술가를 꿈꾼다면

뮤지컬 이야기가 담겨 있는데요. 뮤지컬의 진화 과정과 시스템을 알려 주고 무려 400여 편의 뮤지컬을 소개하고 친절한 주석까지 남긴 이 책은 뮤지컬을 좀 더 깊이 있게 공부하려는 청소년에게는 좋은 참고서가 될 것입니다.

Point 뮤지컬 만능 백과사전 나와라, 얍!
469쪽의 압박을 이겨낸다면 당신은 뮤지컬 박사!

셰익스피어 4대 비극 세트

햄릿, 오셀로, 맥베스, 리어 왕

윌리엄 셰익스피어 지음 | 최종철 옮김 | 민음사

공연 실무서를 보기에 앞서 모든 공연 작품의 성전 셰익스피어의 4대 비극을 빼놓을 수 없겠지요. 셰익스피어는 영국이 낳은 세계 최고 극작가로 희비극을 포함한 38편의 희곡과 여러 권의 시집 그리고 소네트집을 썼는데요. 셰익스피어의 작품 중 4대 비극은 인간의 고통을 가장 성숙하게 그리고 냉혹하게 그려 냈다는 평가를 받고 있어요.

중세 덴마크 사람들에게 구전되어 온 왕가의 전설을 소재로 지은 《햄릿》은 인간의 심리를 구체적으로 표현한 작품인데요. 주인공 햄릿의 명대사 "죽느냐 사느냐To be or Not to be"는 모호하고 고민 많은 현대인의 표상이기도 하죠.

무어인 출신의 용병대장 오셀로가 부하인 이아고의 농간 때문에 사랑하는 부인 데스데모나를 살해한다는 이야기인《오셀로》는 인간이 지닌 질투와 콤플렉스 그리고 사랑을 깊이 있게 그려 냈습니다.

용맹한 장군이자 야심가인 멕베스가 마녀의 사주로 왕을 살해하고 왕위를 찬탈하는 이야기를 담은《맥베스》는 인물의 내면 심리를 섬세히 묘사한 작품입니다.

재산 상속을 앞두고 악한 두 딸에게 재산을 모두 넘기고 착한 막내딸을 추방한 리어 왕이 수난을 겪는 과정을 담은《리어 왕》은 브리튼족의 설화에서 모티브를 따온 것으로 알려졌습니다.

Point 모든 공연 작품의 바이블! 인간이 갖고 있는 선과 악, 콤플렉스 그리고 질투를 맛보고 싶다면 필독!

앤드루 로이드 웨버 같은 공연예술가를 꿈꾼다면

뮤지컬 원작을
읽어 볼까?

좋은 문학 작품은 연극과 영화 그리고 뮤지컬을 구성하는 자양분이 됩니다. 앤드루 로이드 웨버가 만든 〈캣츠〉와 〈오페라의 유령〉 역시 T.S. 엘리엇의 시와 가스통 루르의 소설이 없었다면 시작조차 어려웠을 거예요. 그럼 뮤지컬로 만들어진 문학 작품들을 함께 살펴볼까요?

《주머니쥐 할아버지가 들려주는 지혜로운 고양이 이야기》
T.S. 엘리엇 지음 | 이주희 옮김 | 악셀 셰플러 그림 | 시공주니어

주머니쥐 할아버지가 들려주는 지혜로운 고양이 이야기는 노벨 문학상 수상 작가이자 영국의 시인 T.S 엘리엇이 어린이를 위해

쓴 유일한 책이자 뮤지컬 〈캣츠〉의 원작입니다. 작가인 T.S. 엘리엇은 고양이의 행동과 습관을 면밀히 관찰한 후 허세 가득한 장난꾸러기 고양이 럼텀터거, 멋쟁이 고양이 버스토퍼 존스, 범죄 고양이 맥 캐비티 등 다양한 캐릭터를 만들었습니다. 비밀스럽지만 왠지 모르게 정감 가는 고양이들의 삶이 어쩐지 사람과 비슷하다고 느껴지는 지혜로운 고양이를 위한 지침서.

《오페라의 유령》

가스통 르루 지음 | 성귀수 옮김 | 문학세계사

좁고 미로 같은 오페라 가르니에 극장에서 살아가는 유령은 추한 외모와 예술적 영감을 지닌 천재입니다. 크리스틴은 재능은 있지만 기회를 잡지 못해 단역을 전전하는 무명의 프리마돈나인데요. 광기 어린 천재 유령의 지도 아래 그녀는 오페라의 주역으로 성장해 갑니다. 크리스틴은 귀족 청년 라울을 만나 사랑을

앤드루 로이드 웨버 같은 공연예술가를 꿈꾼다면

시작하지만 유령의 방해로 그 사랑은 쉽지 않게 되죠. 추한 얼굴을 감추느라 사람과의 소통법을 배우지 못한 유령은 광기와 좌절을 오가면서 프리마돈나 크리스틴 그리고 그의 연인 라울과 삼각관계를 이뤄 갑니다. 파리 오페라 극장을 무대로 펼쳐지는 세 사람의 삼각 로맨스 오페라의 유령은 동화 〈미녀와 야수〉 이야기를 원형으로 스릴 넘치면서도 서글픈 로맨틱 소설의 진수를 보여 줍니다.

《두 도시 이야기》

찰스 디킨스 지음 | 이은정 옮김 | 펭귄클래식코리아

19세기 영국의 대문호 찰스 디킨스의 장편소설 《두 도시 이야기》는 프랑스 혁명 시기 영국 런던과 프랑스 파리 시민들의 슬픈 사랑과 광기 어린 복수 그리고 가난한 삶을 생생하게 담았습니다. 거대한 정치적 혼란 속에 살아가는 사람들과 긴 역사상 처음으로 등장하는 민중 권력 그리고 군중의 혁명 아래 가려진 전체주의의 이면을 예리하게 짚어 낸 작품입니다.

《레 미제라블》

빅토르 위고 지음 | 정기수 옮김 | 민음사

프랑스의 대문호 빅토르위고가 쓴《레 미제라블》은 클로드 미셸 쉰베르크가 만든 뮤지컬 〈레 미제라블〉의 원작 소설입니다. 역사와 사회 철학 그리고 문학까지 인문학이 적절히 조화된 빅토르위고 문학의 정수인 소설인데요. 이 소설은 자기반성과 희생을 통해 진정한 성인聖人으로 거듭나는 장발장과 주변 사람들의 이야기를 담고 있습니다. 빅토르 위고는《레 미제라블》을 무려 17년에 걸쳐 완성했다고 하는데요. 워털루 전쟁, 왕정복고, 폭동이라는 19세기 격변을 다룬 역사 소설이자 그 시대를 살아가는 민중의 삶과 한을 담은 민중 소설이기도 합니다. 출판되자마자 폭발적인 반향을 일으킨《레 미제라블》은 프랑스에서 성경 다음으로 많이 읽힌다는 평가를 받고 있습니다.

앤드루 로이드 웨버 같은 공연예술가를 꿈꾼다면

참고 도서

- 월간 〈더 뮤지컬〉, 클럽서비스
- 《뮤지컬 이야기》, 이수진, 조용신 지음, 도서출판 숲, 2009
- 《오페라의 유령》, 가스통 르루 지음, 성귀수 옮김, 문학세계사, 2009
- 《뮤지컬 오페라의 유령》, 설도윤 지음, 도서출판 숲, 2009
- 《원종원의 올 댓 뮤지컬》, 원종원 지음, 동아시아, 2006
- 《공연예술의 꽃 뮤지컬 A to Z》, 한소영 지음, 도서출판 숲, 2012
- 《뮤지컬 사회학》, 최민우 지음, 이콘, 2014
- 《아이 러브 뮤지컬》, 김기철 지음, 효형출판, 2002
- 《뮤지컬 S.O.S》, 최은영 지음, 책과나무, 2017
- 《뮤지컬 배우는 어떻게 탄생하는가》, 로코 달 베라, 조 디어 지음,
  이계창 옮김, 지식공간, 2015
- 《Andrew Lloyd Webber His life and Works》, Micheal Walsh, 1989